Psychology of mindreading

ロールプレイを通じて高める他者理解

● マインドリーディングの心理学

古見文一
Furumi Fumikazu

ナカニシヤ出版

まえがき

「あの人が何を考えているのかわからない」
「そんなつもりではなかったのに」

　このように感じたことはないだろうか。日常生活において，私たちは人の心を読みながらコミュニケーションを行っている。例えば，友人の誕生日が近いときには「何をプレゼントしたら喜んでもらえるだろうか」と，自分の行動の結果，友人の心に動きがあることを予測し，良い方向に動かすことができるように考える。また，公開されたばかりの映画を見て感想を友人と話すとき，相手がその映画を見ていれば気にせず話をすることができるが，まだ見ていなければ物語の核心に迫る内容をうっかり話してしまわないように気をつけることもあるだろう。これも，自分が話をすることによる友人の心の動きを予測していることによるものである。このような他者の心を推測する能力は，私たちのコミュニケーションを深く，豊かなものにしているのである。

　それでは，こういった他者の心の読み取りは誰でもできるのであろうか。これまでの発達心理学分野における研究では，他者の心の理解に関する研究は，主に「心の理論」研究として数多く行われてきた。そして多くの研究で一貫して，定型発達者では6歳ごろには心の理論を獲得している（他者の心が自分とは異なることをを理解することができる）ということが明らかとされてきた。しかしながら，冒頭に挙げたように，私たちは「他者の心を正しく読むことができなかった」「他者に心を正しく読んでもらえなかった」ということは，何歳になっても経験するだろう。こういった日常生活の中から推測することができるのは，心の理論を獲得したとしても，完璧に他者の心を読み取ることは不可能ということである。

　本書では，そのような完璧ではない他者の心を読み取る能力，すなわちマインドリーディング能力を，いかにロールプレイのような経験で高めることができるかということを小学生と成人を対象とした心理学実験的手法を用いて明ら

かにした5つの研究を収録した。ロールプレイとは，自分とは異なる他者になりきって演技をすることである。筆者が，マインドリーディング能力とロールプレイの関係に関心を持ち始めたのはある4歳の男の子との出会いであった。彼はロールプレイの中で，ガソリンスタンドのサービススタッフの役をしたときに，お金を払い終わったお客さん役の8歳の女の子に対して，レシートをその女の子に文字が読める向きで渡したのである。特に不思議はない出来事ではあるかもしれないが，彼の年齢を知っていた筆者は非常に驚いたのであった。実は，彼はロールプレイに入る前に自分の幼稚園の友人の話を多くしてくれたのだが，あいにく筆者は彼の友人の名前を誰一人知らなかったため，話がなかなか噛み合っていなかった。当時すでに心理学を学んでいた筆者は，4歳では他者の視点に立つことは難しいという知識は持っていたため，やはりこういったことは難しいのだろうなと考えていた。そんな中，他者の視点を理解したように見える行動をとった彼に筆者は驚き，彼を褒めると，「さっきお客さん役をやったときにわかったんだよ」と答えてくれたのである。この出来事をきっかけに，ロールプレイのような経験を通じて他者理解が高まる現象について調べてみたいと思ったのであった。

　このように，子どもの様子を観察することから生まれた疑問から始まった本研究であるが，研究を重ねていく中で，成人もマインドリーディング能力が完璧ではないことや，複数の他者がそれぞれに異なる心を持つことの理解といった複雑なマインドリーディングについても興味を持ち，成人と児童を対象としてマインドリーディングの発達を促進するロールプレイの効果を明らかにすることを目指して検討を重ねてきた。これらの研究の成果が，子どもの心の発達に関心を持つ方々や，成人におけるマインドリーディング能力に関心を持つ方々の目に止まり，今後の理論の展開や実践につながっていくことになれば幸いである。

　本書では，ロールプレイを通じて他者理解を高めるという効果について実験的に検討を重ねたが，それでもおそらくマインドリーディングは完璧にはならないであろう。しかしながら，マインドリーディングの失敗による誤解や行き違いもまた，私たちのコミュニケーションを豊かにしていることは紛れもない事実である。心の理論を獲得したヒトも，特殊な場面，状況においてはマイン

ドリーディングを失敗する人間なのである。このような人の心の面白さの一端を本書で示すことができていれば望外の喜びである。

　本書をまとめるにあたって，ナカニシヤ出版の山本あかね氏に多大なご尽力をいただいた。この場をお借りして厚く御礼申し上げる。

2016年 2 月
古見文一

目　次

まえがき　i

第1章　マインドリーディングの発達とロールプレイの効果　………1

1-1　はじめに　1
1-2　本書の構成　1
1-3　マインドリーディングとは　2
1-4　マインドリーディングの生涯発達　8
1-5　マインドリーディングの発達研究に役立つ新たな課題　15
1-6　ロールプレイとマインドリーディング　21
1-7　本研究の目的　23

第2章　研究1：ロールプレイで高める特殊な状況での他者理解（成人）　………27

2-1　特殊な状況での他者理解研究の意義　27
2-2　ロールプレイがマインドリーディングに及ぼす効果：成人　27

第3章　研究2：ロールプレイで高める特殊な状況での他者理解（児童）　………43

3-1　児童期におけるロールプレイ研究の意義　43
3-2　ロールプレイがマインドリーディングに及ぼす効果：児童　43
3-3　成人期の研究と児童期の研究のまとめ　59

第4章　研究3：ロールプレイで高める特殊な他者の心の理解（成人）　………61

4-1　特殊な他者の心の理解研究の意義　61

4-2　ディレクター課題（色）の概要　61
4-3　ロールプレイがマインドリーディングに及ぼす効果：成人　62

第5章　研究4：ロールプレイで高める特殊な他者の心の理解（児童） ……………73

5-1　児童期の特殊な他者の心の理解とロールプレイ研究の意義　73
5-2　ロールプレイがマインドリーディングに及ぼす効果：児童　73
5-3　成人期の研究と児童期の研究のまとめ　84

第6章　研究5：ロールプレイの転移効果 ……………87

6-1　転移効果の検討の意義　87
6-2　ロールプレイがマインドリーディングに及ぼす効果：転移　87

第7章　総合考察 ……………101

7-1　本書で得られた研究成果　101
7-2　本書の意義　108
7-3　残された課題と今後の展望　111
7-4　おわりに　120

付　録　123
本書と公刊されている論文との対応　131
謝　辞　133
引用文献　135
索　引　143

第 1 章　マインドリーディングの発達と
　　　　ロールプレイの効果

1-1　はじめに

　本書は，児童期および成人期のマインドリーディング能力と，その促進要因として期待されるロールプレイの効果について実証的に明らかにするものである。先行研究では，乳児期および幼児期を対象として主に実験的な手法を用いて，いつごろヒト[1]は他者の心を理解することができるかということが注目され，検討が行われてきた。本書では，これまであまり焦点を当てられてこなかった児童期，および成人期のマインドリーディング能力に着目し，これまで明らかにされてこなかった時期の発達を検討する。そして，従来，幼児期を対象に扱われるものより難易度の高い，「困難なマインドリーディング」を促進する1つの可能性として，ロールプレイが及ぼす効果について，発達心理学，認知心理学の観点から検討する。
　第 1 章では，まず本書の構成を示し，マインドリーディングに関する先行研究の概要を論じ，本書がマインドリーディング研究においてどのような位置づけとなるかを明確にする。

1-2　本書の構成

　本書は 7 章より構成される。
　第 1 章では先行研究の展望を論じ，児童期および成人期におけるマインドリーディング能力とその促進要因としてのロールプレイを主題として研究を行う背景と意義を示す。

1　本書では特に生物的な意味合いにおいては「ヒト」と記載する。

第2章から第6章では，児童期と成人期を対象とした「複雑な状況における困難なマインドリーディング」と，「困難なマインドリーディングを促進するロールプレイ」に関する5つの認知心理学的実験について述べる。第2章では，成人を対象とした研究を通して，これまで検討されることの少なかった日本人における成人のマインドリーディング能力の検討，およびこれまで実証的に研究されることのなかったロールプレイがマインドリーディングに及ぼす効果について明らかにする（研究1）。第3章では，児童と成人を対象とした研究を通して，従来行われてきた児童を対象とした実証的マインドリーディング研究と，本研究をはじめとする成人を含めた幅広い発達を測定している新しいタイプの実証的マインドリーディング研究との関連を明らかにするとともに，ロールプレイの効果の個人差について明確にする（研究2）。第4章では，成人を対象とした研究を通して，これまで検討されてこなかった「自分とは異なる認知を行う他者」の心を読み取るマインドリーディングについて新たな方向性を示すとともに，そのようなマインドリーディングにおけるロールプレイの効果を実証的に明らかにする（研究3）。第5章では，児童を対象とした研究を通して，「自分とは異なる認知を行う他者」の心を読み取るマインドリーディングと，従来の発達心理学研究において広く用いられてきた入れ子構造による複雑な他者の心の理解との関連を示す。さらに，児童におけるロールプレイの新たな可能性について明らかにする。第6章では，成人を対象とした研究を通して，研究1から研究4で検討してきたロールプレイの効果が異なるタイプの課題に転移するかどうかについて検討する（研究5）。

第7章では，5つの研究の成果をまとめ，本書が与える発達心理学，認知心理学への示唆と，現場の教育や臨床場面への示唆を明確にするとともに，未だ明らかになっていない点とその解決方策について議論する。

1-3　マインドリーディングとは

1-3-1　マインドリーディングの定義

日常生活において，他者の心を読み取る能力は重要な意味を持っている。例えば，我々はコミュニケーションを行うときに，他者が何を見ているのか，何

を知っているのか，何を思っているのか，何を意図しているのか，何を感じているのかといったことを推測し，また自らの言動によって他者の心的状態がどのように変化するかを予測する。これらの他者の心を読み取るという行動を意識的，あるいは無意識的に行うことによって人のコミュニケーションは豊かなものになる。

　泣いている女の子を見るという状況を例とすると，直接知覚できる情報（泣いている女の子を見る）から直接知覚できない心的状態（女の子の悲しい気持ち）を読み取ることができる。このような能力をマインドリーディング（mindreading）と呼ぶ。マインドリーディングとは，もともと一般的な用語として用いられていたが，Baron-Cohen（1995 長野・長畑・今野訳，2002）が自閉スペクトラム症者において心の理論の獲得に困難が見られることをマインドブラインドネス（mindblindness）と呼び，その対概念として学術的にも用いられるようになった。近年では，Apperly（2011）がマインドリーディングの用語について，「知覚的にアクセスできる社会的刺激を処理し，直接知覚することが困難である考え，望み，知識や意図に到達すること」と再定義している。これは，これまで発達心理学の分野で取り上げられてきた「心の理論」「視点取得」「意図理解」や「情動理解」を包括する大きな概念である。本書においても，特に断りのない限り，マインドリーディングという用語をこのような広い概念を表すものとして使用する。

1-3-2　視点取得から心の理論へ

　マインドリーディング研究は知覚ベースで行われた Piaget & Inhelder（1948）の「3つの山問題」にさかのぼることができる。「3つの山問題」では，卓上におかれたそれぞれ異なる3つの山を異なる方向の他者から見たとき，見る方向により見え方が異なることの理解が幼児期には困難であることが調べられた。

　また Flavell, Everett, Croft, & Flavell（1981）は視点取得をレベル1とレベル2に分けることで，幼児は「自分には見えているものが遮るものの先にいる他者には見えていない」という状況をまず理解し（レベル1），その後「同じものを見ていても違う方向から見ると異なって見える」ということを理解する

（レベル2）ことを示した。

　1980年代からは，発達心理学の分野では「心の理論（theory of mind）」の研究が盛んとなった。「心の理論」とはもともと Premack & Woodruff（1978）がチンパンジーを対象とした研究で用いた用語であり，「何らかの行動に心的状態を帰属する能力」として定義されるものである。この心の理論の概念は，Wimmer & Perner（1983）による「誤った信念課題（false belief task）」の開発により，認知ベースの他者の心的状態の理解として発達心理学の分野に広がることになった。多くの研究で用いられている誤った信念課題であるサリーとアンの課題（Baron-Cohen, Leslie, & Frith, 1985）を以下に紹介する。

　　1．サリーとアンの二人の女の子がいます。
　　2．サリーはボールを箱の中にしまって外に出て行きました。
　　3．サリーがいない間にアンがボールを箱から取り出し，かごの中に移しました。
　　4．サリーがボールを取りに戻ってきました。
　　質問．サリーはボールを取り出すためにどこをさがすでしょうか。

　この課題は主に幼児を対象として作成されており，一般的に定型発達児は4歳から6歳の間に課題に通過することがわかっている（メタ分析研究としてWellman, Cross, & Watson, 2001）。この課題の重要な点は，ストーリーを全て見た（聞いた）自分はボールがかごの中に移ったことを知っているが，その場面にいなかったサリーはボールがかごの中に移ったことを知らず，まだボールは箱の中にあるという「誤った信念」を持っている（誤解している）ということに子どもが気づくかどうかという点である。

　誤った信念を理解し，心の理論を獲得した後の子どもを対象として用いられる課題としては，二次の誤った信念課題（second-order false belief task）がある。代表的な二次の誤った信念課題に Perner & Wimmer（1985）の「アイスクリーム課題」がある。アイスクリーム課題の内容は以下のとおりである。

　　1．ジョンとメアリーは公園にいる。公園にはアイスクリーム屋さんもい

2．メアリーはアイスクリームが欲しかったが，お金を持っていなかった。アイスクリーム屋さんはメアリーに「午後はずっとここにいるから，お金を取りに帰っても大丈夫だよ」と言った。
3．メアリーはアイスクリームを買うお金を取りに，家に帰った。
4．ジョンが一人で公園にいると，アイスクリーム屋さんがどこかにいこうとしていた。ジョンがどこに行くのか尋ねると，アイスクリーム屋さんは「ここではアイスクリームが売れないから教会に行くよ」と答えた。
5．アイスクリーム屋さんは教会に行く途中にメアリーの家の前を通った。メアリーは窓からアイスクリーム屋さんを見つけ，「どこにいくの？」と尋ねた。するとアイスクリーム屋さんは「教会に行くよ。そこでならもっとアイスクリームが売れるだろうからね」と答えた。ジョンはメアリーがアイスクリーム屋さんと話をしたことを知らない。
6．家に帰ったジョンは宿題でわからないところがあったので，メアリーに教えてもらおうとメアリーの家に行った。ジョンはメアリーのお母さんに「メアリーはいますか？」と尋ねた。すると，メアリーのお母さんは「今，アイスクリームを買いにでかけたところよ」と答えた。
質問．ジョンはメアリーがどこにいったと思っているでしょうか。

　この課題で重要な点は，ジョンは「メアリーは，アイスクリーム屋さんが教会に移動したことを知っていること」を知らないという点である。Perner & Wimmer (1985) は一連の課題により，二次の誤った信念の理解は6-9歳ごろに進むということを明らかにした。

1-3-3　心の理論からマインドリーディングへ
　心の理論研究は，発達心理学の分野で1980年代の誤った信念課題開発以降大きな広がりを見せてきている。まず，対象とされる年齢が大きく広がってきている。課題の性質上，心の理論研究は幼児期に集中していた。それは，心の理論を獲得しているかどうかを測定する「リトマス試験紙」である誤った信念課

題（Senju, 2012）は，定型発達の小学生では1年生でほぼ100％の子どもが正答する（c.f. 子安・西垣・服部，1998）ことがわかっているからである。また，二次の誤った信念課題も6-9歳ごろに正答できるようになることから，誤った信念課題は幼児期，二次の誤った信念課題は児童期の子どもを対象として用いられ，それ以上の年齢における発達については問題とならなかった。また，同様に誤った信念課題に通過し始めるのが3歳以降であったため，それ以前については議論に上がることは少なかった。

しかしながら，2000年代に入ってからは，新たな課題の開発や，技術の進歩による行動指標の計測の精度上昇により，成人期の心の理論や乳児期の心の理論についても議論されるようになった（Keysar, Barr, Balin, & Brauner, 2000; Onishi & Baillargeon, 2005）。従って，乳児期の心の理論，成人の心の理論など，広い発達段階で，心の理論研究が行われるようになった。また，心の理論という用語が持つ意味も多義的に変化していった。例えば，Shamay-Tsoory, Tomer, Berger, Goldsher, & Aharon-Peretz（2005）は「情動的心の理論（affective theory of mind）」という用語を用いて，皮肉などの高次な他者の心の理解について論じている。

このような流れの中で，Apperly（2011）は心の理論の概念を整理するために，人の発達研究において心の理論という用語は標準的な誤った信念課題（e.g. Wimmer & Perner, 1983）の通過によって測定されるものに限定し，それ以外については広くマインドリーディングと呼ぶことを提唱している。本書においてもこれに従い，心の理論とマインドリーディングの2つの用語を使い分けて議論を展開する。

1-3-4 2種類のマインドリーディング

マインドリーディングは非常に大きな概念であるため，多くの研究者がさまざまな方法で2種類に分けている。例えば，乳児期に見られるような心の理論の萌芽については潜在的（implicit），幼児期以降に見られるものを顕在的（explicit）と分ける分類（Low & Perner, 2012）や，同じ分類を，測定方法の違いから行おうとする指摘（Surtees, Butterfill, & Apperly, 2012）がある。特に後者の分類では，明確に他者の心的状態を読み取ることを言語的に教示する

直接測定法で測定する顕在的なマインドリーディングと，心的状態に関する教示を行わずに，自発的な反応から間接測定法で測定する潜在的なマインドリーディングであるとしている。また，マインドリーディングを意識的なものと無意識的なものに分類する研究もある。例えば，Samson, Apperly, Braithwaite, Andrews, & Scott（2010）は，簡単な視点取得課題（レベル1視点取得，c.f. Flavell et al., 1981）に解答する際に，他者の視点が存在する状況におかれると，人は自己視点による解答を行わなければならないときであっても，他者の視点の影響が自動的に干渉してくることを明らかにしている。一方で，Surtees & Apperly（2012）は複雑な視点取得課題（レベル2 視点取得，c.f. Flavell et al., 1981）に解答する際には，自動的な他者の視点による干渉は起こらないことを報告している。Lin, Keysar, & Epley（2010）は，二重課題やワーキングメモリの個人差がマインドリーディング能力に影響を及ぼすことから，マインドリーディング能力は意識的に用いるものであると示している。一方で，Senju（2012）は自閉スペクトラム症者が「自発的な」マインドリーディングを行わないと指摘している。定型発達者は2歳児であっても自発的なマインドリーディングを行っていると推測できる眼球運動を示すのに対し，自閉スペクトラム症者は成人であってもそのような傾向は見られないのである。

　Apperly（2011）はこのようなマインドリーディングの2つの分類についてまとめなおし，低次と高次の2つのシステムがあるということを指摘し，それぞれの特徴に関しては以下のように述べている。低次マインドリーディングは，処理が早く，要求する認知資源も少ないが，いわば自動的に行われるため，意識的にコントロールすることが難しいものである。この処理を行うことで，他者が見ているものは何であるかといったことがわかるようになる。高次マインドリーディングは，処理が遅く，ある程度の認知資源を要求され，意識的に行わなければならないが，その場に応じた柔軟な処理ができるという利点がある。この処理を行うことで，心の理論研究で広く用いられてきた誤った信念課題を通過することができるようになる。

　マインドリーディングの発達におけるこの2つのシステムの関係であるが，まず低次の獲得が乳児期に見られ（Moll & Tomasello, 2007），幼児期に高次の獲得が見られる（Wimmer & Perner, 1983）と考えられている。高次の獲得に

は，認知資源をより利用できるようになることと社会的な体験を蓄積することが必要であると考えられており，また特定の課題解決に高次の処理を繰り返し使用することや社会体験を重ねることで，低次の処理でも課題解決ができるようになるということが指摘されている（Apperly, 2011）。

1-4 マインドリーディングの生涯発達

1-4-1 乳児期

ここからはマインドリーディングの生涯発達について論点を整理する。眼球運動を測定することで，心的状態を推測するという手法が確立されてきている今日，乳児期のマインドリーディング研究でもこの手法が多く行われるようになった。Wellman et al.（2001）のメタ分析によると2歳以前に標準的な誤った信念課題を通過することを示した研究はなかった。しかしながら，Southgate, Senju, & Csibra（2007）は24ヶ月児が他者の心を読み取って予期的視線を送ることを示した。また，Onishi & Baillargeon（2005）は15ヶ月児を対象として，サリーとアンの課題を非言語的に実施し，15ヶ月児にマインドリーディングの萌芽が見られることを明らかにした。この研究の手続きは以下のとおりである。

まず子どもにサリーが2つのボックスの中の1つにボールをいれ，そのボールをいれた箱から取り出すという場面を見せ，一連のサリーの行動に慣れさせる。次に，テスト段階では，サリーは一方の箱（例えば丸い箱）にボールを入れ，サリーが席を外した間にボールがもう一方の箱（例えば四角い箱）に移され，サリーが戻ってきたときにどちらの箱を探すかという場面を子どもに見せる。このとき，サリーが，自分が入れた箱（丸い箱）を探す条件と，自分は入れなかったが現在ボールが中に入っている箱（四角い箱）を探す条件とを比べると，サリーが入れなかったが，現在ボールが中に入っている箱を探す条件の方が，子どもが見ている時間が長かった。

この研究はマインドリーディング研究に大きな影響を与え，関連した課題でいくつもの研究が行われた。その結果，多くの研究で誤った信念課題を通過するより前の年齢の子どもであっても他者の意図に敏感であることが指摘されて

いる（Surian, Caldi, & Sperber, 2007 など）。しかしながら，このような多くの研究者が乳児期の子どもに対して，「心の理論の萌芽」をより早期に発見しようと躍起になる潮流に対する批判もある。Perner & Ruffman（2005）は乳児期に見られるこのような現象が行動規則に従った反応のみによりもたらされている可能性を指摘しており，また Apperly（2011）も単なる視点取得能力を研究者が過剰に解釈しているのではないかと指摘している。乳児期のマインドリーディング研究においては，この点に注意しながら議論していくべきであろう。

　現在においては，前節にて概観した2種類のマインドリーディングの議論における一方（潜在的，低次など）が乳児期に見られるマインドリーディング能力であり，他方（顕在的，高次など）が従来の心の理論研究で捉えられてきたマインドリーディング能力であると考えられている。そして Low & Perner（2012）が指摘しているように，発達の道筋においては2通りの仮説が考えられており，一方は，ヒトには生得的にマインドリーディング能力が備わっているが，実行機能や言語能力が未発達であるという制限のために表現することができない。しかし，これらの能力が水準に達すると外にマインドリーディング能力として現れるというものである。もう一方の仮説は，ヒトは生得的にはマインドリーディング能力は備わっておらず，発達に伴って獲得していくというものである。これらの仮説を立証する知見はまだ揃っていないため，今後の研究の課題であると考えられる。

1-4-2　幼児期

　人におけるマインドリーディングの発達研究において，最も研究の数が多いのが幼児期の研究であろう。Wimmer & Perner（1983）において誤った信念課題が開発されて以降，数多くの研究において幼児期のマインドリーディングの発達は心の理論研究として議論されてきた。幼児期のマインドリーディングを測定する課題としては先に挙げたサリーとアンの課題のような不意移動課題と，スマーティ課題（Perner, Leekam, & Winner, 1987）に代表される予期せぬ中身課題が豊富なバリエーションで用いられてきた。スマーティ課題は以下のような手続きで行われる。まず，子どもに中身が予測できる入れ物（例えば

イギリスの子どもに人気のお菓子スマーティの箱）を見せて中身に何が入っているかと思うかを問う。多くの子ども達は入れ物から予測できる中身（この場合，スマーティ）を答える。その後，実際の中身（例えばクリップ）を見せる。そして，子どもに，他の子どもが中身を見る前に，中身を何であると思うと答えるかを推測させる。この時，他の子どもは本当の中身を知らないため，自分と同じように間違えると予測できると心の理論を獲得していると考えられる。

これまで挙げてきた誤った信念課題をはじめとする心の理論課題は，全てストーリーが参加者に呈示され，そしてその登場人物の心的状態を問うものであり，他者の心的状態の「理解」に焦点が当てられたものであった。このような課題上の成績が日常生活における他者の心の理解と関連があるかどうかについて，Frith, Happé, & Siddons（1994）は自閉スペクトラム症児を対象に検証した。その結果，心の理論課題の成績は言語性精神年齢と関連があり，また日常生活における心理化（mentalization）と心の理論課題の成績は必ずしも関連しないということが報告されている。

しかしながら，これまでの研究では幼児期における，日常生活での心の理論能力の「使用」についてはほとんど議論されてこなかった。そこで，古見・小山内・大場・辻（2014）は，Surtees et al.（2012）による測定方法の違いによる分類における潜在的な心の理論とその使用能力について幼児期を対象として検討した。古見他（2014）では誤った信念課題，絵画語い発達検査（PVT-R，上野・名越・小貫，2008），間接測定法のオリジナル課題であるストーリーテリング課題を行った。その結果，誤った信念課題の通過に関わらず，参加児はストーリーテリング課題では他者の心的状態に敏感な反応を示した。つまり，顕在的な心の理論を獲得していなくても潜在的な心の理論を使用する能力がすでに備わっている可能性が示唆されたのである。

最初期の研究である Wimmer & Perner（1983）では，5歳くらいまで心の理論は獲得されないとされていたが，Wellman et al.（2001）は不意移動課題や予期せぬ中身課題のバリエーションを含んだ178の研究のメタ分析を行い，だいたい3歳から4歳くらいの間に心の理論を獲得すること，そして登場人物の変更といった細かな違いによるバリエーションはあまり課題に影響を与えないということを示した。現在は，3歳では心の理論を獲得していないという知

見は頑健であるが，乳児期に他者の心への敏感性を見せているにもかかわらず，なぜ3歳児は心の理論課題に通過しないのかということに関しては，未検討な部分が残されている。近年提唱されている2つのマインドリーディングの橋渡しとなるような研究が必要であると考えられており，特に幼児期における潜在的な心の理論能力については検討を重ねる必要があると考えられる。

1-4-3 児童期

児童期は，幼児期に獲得した心の理論をさらに発展させていく時期であると考えられる。この時期の子どもを対象としたマインドリーディング研究では，前述の二次の誤った信念課題が用いられることが多い。一方で，Happé (1994) は基本的な誤った信念課題によって心の理論を評価することに対し，その単純さを指摘し，より複雑な課題を用いることを提案している。そして，文脈の中にある心的状態の判断を求める課題として，うそや皮肉，冗談などの字義どおりではない発言を行う登場人物の発言の理由（心的状態）を問う"Strange Story Test"を開発した。主に児童期以降の子どもを対象として行う少し複雑なストーリーにおける登場人物の心的状態の理解を問う課題としての"Strange Story Test"には，白いうそ（White lie）課題（Happé, 1994），Faux Pas 課題（Baron-Cohen, O'Riordan, Stone, Jones, & Plaisted, 1999）やうそと皮肉の区別（Winner & Leekam, 1991），責任性の理解（Mant & Perner, 1988）の課題などがある。子安他（1998）はさまざまな他者の心の理解に関する課題を小学1年生から6年生までと統制群としての大学生との発達的変化を検討した。その結果，おおよそ3年生ごろにうそと皮肉の区別，4年生ごろに責任性の理解，5年生ごろに二次の誤った信念の理解が進むことが示されている。一方で，一次の誤った信念課題や写真課題（Zaitchik, 1990）は課題を正しく理解した子どもではほぼ100％の正答率であったため「卒業」しているものとされている。

1-4-4 青年期

青年期のマインドリーディング研究は大変少ないが，近年の研究で，この時期のマインドリーディング能力はまだ発達途上にあるということがわかってい

る。Dumontheil, Apperly, & Blakemore (2010) は Keysar et al. (2000) が成人を対象としてマインドリーディング能力を測定するために開発したディレクター課題を7.2歳から成人までの参加者を対象として行うことで，マインドリーディングの発達と実行機能の発達を検討した。その結果，青年期では，実行機能の発達は成人期と同レベルにまで達しているのに対し，マインドリーディングの能力は成人期よりも劣っていた。また，Dumontheil, Hillebrandt, Apperly, & Blakemore (2012) は，ディレクター課題実行時に成人では上側頭溝 (STS: superior temporal sulcus) や内側前頭前野 (mPFC: medial prefrontal cortex) といったマインドリーディング関連部位が賦活する (Dumontheil, Küster, Apperly, & Blakemore, 2010) という結果をもとに，ディレクター課題実行時における脳活動ネットワークがどのように発達的変化を遂げるのかを，青年期 (11-16歳) と成人期 (21-30歳) の参加者を比較することで検討した。その結果，青年期の参加者は他者の心的状態の読み取りが必ずしも必要でない場合においても背内側前頭前野が賦活していたのに対し，成人期の参加者は，他者の心的状態の読み取りが必要な場合に限り青年期の参加者よりも背内側前頭前野が賦活していたことから，成人期においてヒトはより効率的なマインドリーディングが可能になると指摘されている。青年期におけるマインドリーディング研究は大変数が少ないため，今後のさらなる実証的研究が必要であると考えられる。

1-4-5 成人期

成人期のマインドリーディングは2000年代以降から行われ始めた比較的新しい研究分野である。後述するディレクター課題を Keysar et al. (2000) が開発し，この課題を用いた研究が数多く行われた。ディレクター課題を用いた研究については1-5節にて検討を行う。また，Maehara & Saito (2011) は，サリーとアンの課題におけるサリーの探す対象となる場所を4つに増やし，自分が入れた箱を探した後，次に探す確率を見積もらせるという手続きで成人のマインドリーディング能力を測定している。その結果，成人のマインドリーディング能力はワーキングメモリに影響を受けるということが指摘されている。成人期のマインドリーディング研究については，これまである種マインドリー

ディング能力が完成されているとみなされていた成人を対象として，複雑な課題を行うことでいかにできないかということを示すことが多くなっているのが現状である。しかしながら，複雑さの操作がマインドリーディングではない他の能力に対する負荷を増加させることに終始していては，正しくマインドリーディング能力を測定したとは言いがたい。成人を対象とした課題を考案する際には，正しくマインドリーディングの能力を測定できるように複雑さを操作することに留意する必要がある。

1-4-6 老年期

老年期のマインドリーディング研究も，青年期のマインドリーディング研究と並び，研究が大変少ない時期にあたる。老年期のマインドリーディング研究では，マインドリーディングと関連の強い実行機能の能力が加齢によって低下するにもかかわらず，マインドリーディングの能力は低下しないということをHappé, Brownell, & Winner（1999）が示している。また，同様の結果は，パーキンソン病の人々と健常者を比較したSaltzman, Strauss, Hunter, & Archibald（2000）でも健常者群で示されている。これらの結果は，実行機能とマインドリーディングの強い関連を示してきたこれまでの多くのマインドリーディング研究の結果とは反するものであり，更なるエビデンスの追加による議論が待たれる部分である。

1-4-7 非定型発達

マインドリーディングの発達について，大きな興味が寄せられている1つとして，非定型発達，特に自閉スペクトラム症（Autism Spectrum Disorder）者の発達である。Baron-Cohen et al.（1985）は，自閉スペクトラム症者の誤った信念課題の通過率は11歳児でも2割程度であることを示した。この研究は大きなインパクトを与え，自閉スペクトラム症とは心の理論の障害であると捉えられるようになり，自閉スペクトラム症者において心の理論の獲得に困難が見られることはマインドブラインドネスと呼ばれるようになった（Baron-Cohen, 1995 長野ら訳，2002）。一方で，Happé（1995）は言語性精神年齢（Mental Age）が9歳2ヶ月になると自閉スペクトラム症児も誤った信念課題

を通過することができることを示している。別府・野村（2005）は，これらの結果を受けて，定型発達児が幼児期に獲得する心の理論と自閉スペクトラム症児が獲得する心の理論が質的に同じものであるかどうかを検討した。その結果，定型発達児は，言語的理由付けを伴わない直感的な心の理論を獲得した後に，言語的理由付けを伴う心の理論を獲得するが，それに対して自閉スペクトラム症児は，直感的な心の理論を獲得しないまま言語的な心の理論を獲得するということが示された。

また，Senju（2012）では，「自発的な」心の理論という用語を用いて，自閉スペクトラム症者は「自発的な」心の理論の能力が弱いという仮説を立てた。「自発的な」心の理論とは，教示されたわけでもなく，自ら他者の心的状態に敏感になるということを示すものとも考えられる。Senju（2012）の実験では，乳児に行っていた非言語的なサリーとアンの課題を用いて，アスペルガー症候群の参加者の予期的視線を調べている。その結果，定型発達児が2歳ごろに見せる他者の心的状態に敏感な予期的視線をアスペルガー症候群の参加者は示さないということが示された。マインドリーディングの発達研究は自閉スペクトラム症研究によって大きく広がることとなったが，従来のように自閉スペクトラム症者はマインドブラインドネスであると言えるかどうかは明瞭ではなくなってきている。また，DSM（Diagnostic and Statistical Manual of Mental Disorders）の改訂等（American Psychiatric Association, 2013）もあり，発達障害のあり方も時代によって変化してきているため，先入観を持たずに研究を行うことが重要であると考えられる[2]。

1-4-8　何がマインドリーディングを発達させるのか

マインドリーディングの発達要因としては，Apperly（2011）は実行機能の発達と社会的経験の積み重ねであると仮定している。実行機能の発達とマインドリーディングの発達に関しては多くの実証研究がある。Carlson & Moses

---

[2] 2016年現在，最新であるDSM-5（American Psychiatric Association, 2013）では，自閉スペクトラム症の診断はDSM-Ⅳまでとは異なり，重症度によって分類され，また対人相互性に関する項目とコミュニケーションに関する項目が統合されて診断されるというような変更点がいくつかある。

(2001) や Moses（2001）は，実行機能は心の理論の発現と表出に関わるということを指摘している。成人を対象とした研究においても Lin et al.（2010）は認知負荷がかかっている状況ではマインドリーディング能力は低下すること，およびワーキングメモリ容量の個人差によってマインドリーディング能力が異なることを示すことにより実行機能とマインドリーディングの関係を明らかにしている。Maehara & Saito（2011）もワーキングメモリとマインドリーディング能力の関連について議論しており，やはりワーキングメモリ能力がマインドリーディング能力に大きく影響を及ぼしていると主張している。

　一方で，社会的経験の積み重ねがマインドリーディングの発達に及ぼす効果については実証的な研究がほとんどされていない。しかしながら，社会的経験とマインドリーディングの関連については多くの研究者が関心を寄せており，幼児期におけるごっこ遊びと心の理論の発達の関連についての検討が行われている（Astington & Jenkins, 1995 など）。

1-5　マインドリーディングの発達研究に役立つ新たな課題

　児童期以降のマインドリーディングの発達については，これまでにも述べてきたように誤った信念課題は意味をなさないため，それほど研究が行われてこなかった。しかしながら，Keysar et al.（2000）が成人に適用できるマインドリーディング課題を開発し，児童期以降の年齢の人々に対しても研究が実施可能となった。現在ではディレクター課題と呼ばれることの多いこの課題は，参加者とディレクターの二人で行う課題である。参加者とディレクターは Figure 1-1 に示したような特殊な棚を挟んで対面し，ディレクターは棚の中のオブジェクト配置の完成図を見ながら参加者にオブジェクトを動かすように指示を行う。この時，棚のいくつかのスロットにおいてあるオブジェクトは，仕切りによって遮られており，参加者には見えるがディレクターには見えない。従って，参加者はディレクターの指示がどのオブジェクトを指しているのかについて，ディレクターの意図を読み取って行動しなければならない。例えば，Figure 1-1 の状況において，ディレクターが「小さなろうそくを上に」と指示を出したとき，棚の中には3つのろうそくがあり，その全てが参加者には見

16　第1章　マインドリーディングの発達とロールプレイの効果

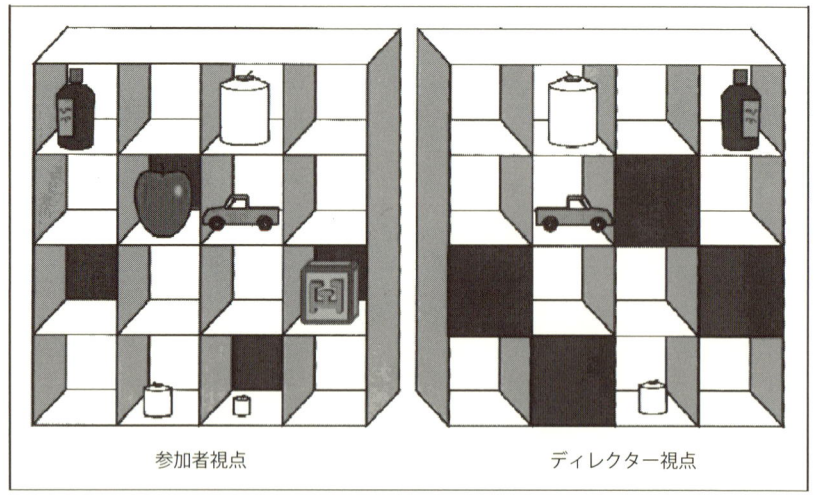

Figure 1-1. ディレクター課題の棚　(Keysar et al., 2000を一部修正)

えているが，最も小さなろうそくのあるスロットは仕切りが配置されているためディレクターには見えない。つまり，ディレクターが指示している「小さなろうそく」は，3つのろうそくのうち最も小さなろうそくではなく，2番目の大きさのろうそくである。従って，ターゲットは2番目の大きさのろうそくであり，最も小さなろうそくはディストラクタである。課題はディストラクタのある条件（テスト条件）とディストラクタのない条件（統制条件）の2条件から構成された。この実験は成人を対象に行われ，眼球運動を測定するアイトラッカーにより参加者の視線の動きが計測された。その結果，テスト条件においては，参加者はディストラクタをまず見るということ，またターゲットに対する最終注視時間は，統制条件よりも後になるということがわかった。これらの結果から，従来のマインドリーディング研究では問題にならなかった成人においても，オンラインのコミュニケーションにおいて即座に他者の視点に立った反応を行うのは難しく，自己中心的な反応を行うということが明らかとなった。

　ディレクター課題の利点としては，幅広い年代の参加者を対象に同一の課題が適用できるということである。意図，認知，感情のマインドリーディング課

題は対象となる年代が限定されることが多い。例えば，認知ベースのマインドリーディング課題である誤った信念課題（Baron-Cohen et al., 1985）は 4 - 6 歳が対象であり，faux pas 課題（Baron-Cohen et al., 1999）は 7 - 11歳が対象である。意図ベースのマインドリーディング課題であるうそと皮肉の区別の課題は 3 年生以降では正答率が 8 割近くになり（子安他，1998），感情ベースのマインドリーディング課題である泣き課題（溝川・子安，2008）では 1 年生の段階で大半の子どもが見かけの泣きを理解している。これらの課題では，ある年代には簡単すぎるが別のある年代には難しすぎるといったことが起こるため，対象年齢を限定して研究されてきた。一方で，ディレクター課題は知覚ベースのマインドリーディング課題が発展した物である。元来，知覚ベースのマインドリーディング課題は，広い年代の参加者に用いることができることがわかっている（McDonald & Stuart-Hamilton, 2002）。ディレクター課題は，知覚ベースのマインドリーディング課題をもとにしながらも，自分からの見え方と他者からの見え方がどのように違うかということを調べた従来の研究（Piaget & Inhelder, 1948など）とは異なり，違う対象物を見ているディレクターの意図の理解が必要であることから，知覚ベースのマインドリーディング課題の発展形と考えることができる。知覚ベースのマインドリーディング課題の発展系であるディレクター課題は，マインドリーディングの発達，特に児童期以降のマインドリーディングの発達研究における非常に有用な課題であると言える。さらに，これまでの認知ベースのマインドリーディング課題などでは，マインドリーディングの同じ側面を捉えているかどうかは不確かであったが，棚の数とアイテムの数を調整することによって同じ課題を幅広い年代の参加者に行うことができるディレクター課題に着目することは，マインドリーディングの全体像を探るためにも非常に有益である。

　Keysar et al.（2000）以降，ディレクター課題はさまざまな研究で用いられるようになった。ディレクター課題を用いた研究の流れは大きく 2 つある。1 つは課題の作成者である Boaz Keysar と彼の共同研究者によるシカゴ大学を中心とするアメリカにおける流れと，もう 1 つは英国の Ian Apperly や Iroise Dumontheil と彼らの共同研究者によるロンドン大学，バーミンガム大学を中心とする英国における流れである。この 2 つの流れの違いは，シカゴ大学のグ

ループを中心とした流れの研究では，参加者の目の前に実際に特殊な棚とディレクター役の実際の人を呈示して課題を行うのに対し，ロンドン大学を中心とする研究の流れでは，コンピュータ画面上に特殊な棚と，ディレクターを呈示し，音声も録音されたものを用いているという点である。従って，これらの2つの流れはリアルな状況で課題を行っているかコンピュータを用いているかの違いとも言える。コンピュータを用いて行うディレクター課題においても実際の棚を用いて行っているディレクター課題と一致した結果が得られる（Dumontheil et al., 2010）ということや，コンピュータを用いたディレクター課題に取り組んでいる間の参加者の脳活動は上側頭溝（STS: superior temporal sulcus）や内側前頭前野（mPFC: medial prefrontal cortex）といったマインドリーディング関連部位が賦活する（Dumontheil, Küster, et al., 2010）ことから，コンピュータ上で行うディレクター課題についてもマインドリーディング課題として妥当であるとみなされている。

　実際の棚を用いたディレクター課題の利点はコンピュータを用いた課題とは異なり，より自然なコミュニケーションに近い場面で実施できることである。また，実際に裏に回って確認することで棚の構造の理解がより容易であるとも考えられる。実際の棚を用いたディレクター課題研究は多くのバリエーションがあり，例えば，Wu & Keysar（2007）は中国人留学生と非アジア系のアメリカ人を対象にディレクター課題を行い，中国人の方がより他者中心的な反応を行うことを明らかにしている。また，Lin et al.（2010）はワーキングメモリの個人差や二重課題を行ったときの難易度を要因に組み込み，ワーキングメモリ容量の低い参加者は，ワーキングメモリ容量の高い参加者よりも，自分にとってのみふさわしいオブジェクトであるディストラクタにより注視するという自己中心的な眼球運動が見られることを明らかにした。二重課題については，二次課題の難易度が高いほど，同様に自己中心的な眼球運動が見られるということが示された。これらの結果から，ヒトは反射的にはマインドブラインドであるということを主張している。

　また発達障害者を対象とした研究も行われており，Begger, Malle, Nieuwland, & Keysar（2010）は青年期，成人期を対象に DSM-Ⅳ-TR（American Psychiatric Association, 2000）の基準によって高機能自閉スペクトラム症と診断

された参加者と定型発達者である参加者のディレクター課題中の眼球運動を測定したところ，両群の眼球運動における自己中心的な反応の総量に差がないことが明らかとなった。この結果から Begger et al.（2010）ではコミュニケーションにおいて自閉スペクトラム症者がマインドリーディングに障害を持っているとは言えないのではないかという問題提起を行っている。また，Nilsen, Buist, Gillis, & Fugelsang（2013）は成人において臨床群の ADHD 者と対照群のディレクター課題中の眼球運動について比較し，臨床群の方がより自己中心的な眼球運動を示すということを明らかとした。この2つの結果は一見矛盾しているように捉えられるが，次段落以降に詳述するコンピュータを用いたディレクター課題研究の結果から，自閉スペクトラム症者はディレクター課題を実行機能の課題として解き，対照群とは課題のパフォーマンスは同じでも課題遂行の方略が異なっていた可能性が考えられる。

　コンピュータを用いたディレクター課題研究は，ほぼ同時期に行われた Dumontheil et al.（2010）と Apperly, Carroll, Samson, Humphreys, Qureshi, & Moffitt（2010）の研究から始まった。コンピュータを用いてディレクター課題を行う利点としては，試行数を増やせること，刺激のバリエーションを増やせること，参加者の行動データをより詳細に記録することができることなどが挙げられるが，この2つの研究が示した重要な知見は，ディレクター条件とディレクターなし条件という社会的な条件と非社会的な条件を設けることによって実行機能との関連を明らかにしたことである。Figure 1-2 は Apperly et al.（2010）で用いられた刺激例であり，左が標準的なディレクター課題，中央はディレクターが二人おり，どちらの指示かによって正答が異なるディレクター課題，そして右がディレクターのいない非社会的な条件の課題（ディレクターなし条件）となっている。

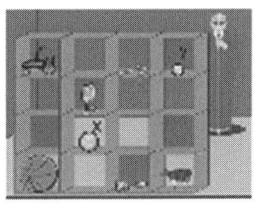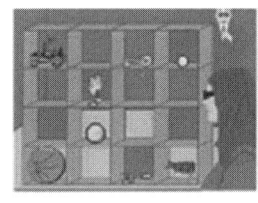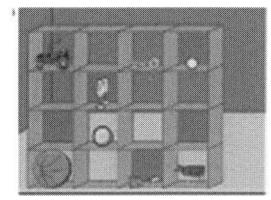

Figure 1-2．Apperly et al.(2010) の刺激

具体的には，左端の刺激では，参加者はディレクターの指示に従い，ディレクターの意図を読み取って反応する必要がある。例えば，ディレクターが「小さなボールを下に」と指示した場合，動かすボールは1番上のゴルフボールではなく，上から3段目のテニスボールである。一方で，右端の刺激では，参加者は音声刺激に従ってオブジェクトを動かすことを要求されるが，バックが灰色になっているスロットは無視しなければならないというルールを守る必要があるという条件である。例えば，音声刺激が「小さなボールを下に」であれば，動かすボールは灰色のスロットにある1番上のゴルフボールではなく，上から3段目のテニスボールである。つまり左端の刺激の課題と結果的に行うことは同じであるが，その過程にディレクターの指示に対する応答というコミュニケーションが含まれるか含まれないかの違いとなる。その結果，条件間の誤答率に差があり，コミュニケーションが含まれた方が難しいということが示された。この差は Dumontheil et al.（2010）でも確認されており，比較的頑健な傾向と言える。また，Dumontheil et al.（2010）は，ディレクター課題を用いる際の注意点として，ディレクターなし条件を先に行うと，ディレクターがおり，本来はマインドリーディングが必要である課題も，実行機能の課題として参加者に回答される可能性を挙げている。

さらに，コンピュータを用いたディレクター課題では脳活動と行動指標を同時に記録している研究がいくつかある。例えば，Dumontheil, Küster, et al.（2010）では Apperly et al.（2010）と同様に社会的な条件と，非社会的な条件とを比較し，マインドリーディング関連部位（上側頭溝，内側前頭前野）はコミュニケーションが含まれる条件において賦活することを示した。内側前頭前野についてはこれまでの空間的視点取得課題においては関連が示されてこなかったという点から，ディレクター課題は単なる空間的視点取得を測定する課題ではなく，マインドリーディングを測定する課題であると考えることができるとしている。さらに，Santiesteban, Banissy, Catmur, & Bird（2012）は自己と他者の弁別や視点取得，模倣や共感，マインドリーディングに関連するということが先行研究で示されている側頭頭頂接合部（TPJ: temporoparietal junction）に 1-2 mA 程度の弱い直流電流を数分通し，脳神経単位の活動を修飾する経頭蓋直流刺激（tDCS: transcranial direct current stimulation）によって

刺激を与えることでディレクター課題の成績が向上することを示した。この研究は，他者がタッピングをしている動画を見ながら異なる指でタッピングをするという模倣を抑制するコントロールによってディレクター課題の成績が向上するという同グループの結果（Santiesteban, White, Cook, Gilbert, Heyes, & Bird, 2012）との関連性が議論されている。

　一方，実際の棚を用いたディレクター課題では，棚のスロットの数を減らすことで幼児や児童を対象に実験が行われている。Nadig & Sedivy（2002）は2×2の棚を用いて5〜6歳の幼児を対象に，幼児が自分のパートナーの視点に敏感になりうることを示し，Epley, Morewedge, & Keysar（2004）は5×5の棚を用いることで4〜12歳の子どもと成人の視線パターンが異なり，子どもは自分にとってのみふさわしいオブジェクトに注視するという自己中心的な眼球運動をより示すことを明らかにしている。

1-6　ロールプレイとマインドリーディング

1-6-1　ロールプレイとは

　さて，本書における重要なキーワードの1つがロールプレイである。ロールプレイとは「役割演技」と日本語訳されるものである。ソーシャルスキルトレーニングや職業訓練場面など，さまざまな訓練場面でロールプレイは用いられている（瀧・柴山, 2008; 村井・堅田・加藤・彦・藤田・田村・丸岡・川島, 2011など）。さらに，自閉スペクトラム症などの発達障害者に対してのサポート技法としても考案されている（須藤, 2011; 武藏・松本・山本・水内, 2010など）。類似した用語にロールテイキング（役割取得）やごっこ遊び，ふり遊びなどがあるが，本書における定義を以下に示す。ロールテイキングとは，文字どおり，役割を取得することであり，与えられた役割を理解し取得することと捉えられるものであり，ロールプレイはその上で，「演じる」という行為が加わるものである。ごっこ遊びやふり遊びは役割を与えられるものではなく，いわば自己で役割を作り出すようなものであり，主に幼児期に見られる遊びである。

1-6-2 ロールプレイの効果の事例検討

ロールプレイの一般的な効果はいくつかの研究において事例検討によって主張されている。例えば，学生において特定の対人関係の場面を題材としたロールプレイを行うことで，友人関係などの対人関係についての考えが深まったという事例研究がある（面高・柴山，2008; 面高・柴山，2009）。また，定期的にロールプレイと役割交代を行うことで青年期アスペルガー障害者の自己理解が進むという研究（滝吉・田中，2009），中学生での職場体験を題材としたロールプレイによるソーシャルスキルの向上（金山・中台・江村・前田，2005），小学生におけるいじめ場面のロールプレイによる他者理解の促進（台，2003）を調べたものなどがロールプレイの効果を事例研究的に明らかにしたものである。他に須藤（2011）は，ある自閉スペクトラム症児がビデオ刺激やロールプレイによる介入により，援助行動を1つの行動から次の行動へと連鎖的に行うことができるようになったということを報告している。しかし，この研究の問題点として，統制条件が設定されていないということも同時に述べられている。

1-6-3 ロールプレイとごっこ遊び，ふり遊び

さて，ロールプレイとごっこ遊び，ふり遊びの関連についてであるが，これら三者の間には自己や他者，あるいはものを，実際とは異なる何かに見立て，演じるという共通点がある。片山・高田・渋谷・吉本・川那部・高木（2010）がマインドリーディング，他者のふりの共有，言語表出，他者との言語コミュニケーションについて検討している。片山他（2010）は，ふり遊びの発達的変化を，別府・野村（2005）における意図理解と言語表出のギャップと関連づけ，3，4歳児を「子ども同士で何となくわかりあっている状態」とした。その状態では，言語表出は，独語が中心であり，明確にわかりあうことのできる5歳以降とは区別している。また，渋谷・安松・小森・高田・高木（2008）は幼児同士での砂場遊びで発生したごっこ遊びの観察研究を行っている。これらの研究では遊びの中における幼児の発話に着目している。渋谷らは子どものコミュニケーションは3歳ごろまでは大人側の読み取りに依存しており，3歳をすぎると子ども同士でのわかりあいが発達すると述べている。3歳ごろまでは独り

言に近い独語での自分の考えの表現が多く，大人がそばにいるときは応答を引き出すことができても子ども同士ではそのようにいかない。そうした子ども同士におけるわかりあえない状態を経験することでわかってもらえるようなコミュニケーションを目指すようになるのである。これらをふまえて，古見（2013）はテーマパークにおけるロールプレイ体験中の3〜15歳の子ども達の発話の変化について検討した。その結果，子ども達は，ロールプレイ体験が進めば進むほど，有意味な発話が多くなるということが示された。

1-6-4　ごっこ遊び，ふり遊びの実証的研究

幼児期におけるふり遊び，ごっこ遊びとマインドリーディングの能力との関連についての研究は，数多く行われているものの，必ずしも一貫した関連性が提唱されているわけではない。例えば，Rosen, Schwebel, & Singer（1997）は，幼児期に見られるふり遊びにおいてふりをしている人の考えや信念を正確に捉えることのできる子どもは，それができない子どもよりもマインドリーディングに関連する課題に正答しやすいということを述べており，Astington & Jenkins（1995）は幼児期における誤った信念課題のパフォーマンスは，ふり遊びやごっこ遊びに参加した回数に関連するということを指摘している。一方で，Schwebel, Rosen, & Singer（1999）は，幼児期におけるふり遊びの頻度は，スポンジでできた岩を本物ではないと見分けることができるかといった見かけと実際の判断には影響するが，誤った信念課題の正答率には影響しないということを主張している。Lillard, Lerner, Hopkins, Dore, Smith, & Palmquist（2013）はふり遊びがさまざまな認知に及ぼす影響についてのレビューを行っている。その中で，ふり遊びとマインドリーディングについても議論しているが，ふり遊びはマインドリーディングの発達に影響を及ぼすだろうと考えられるが，確固たる証拠はないということが指摘されている。

1-7　本研究の目的

本章では，マインドリーディングの発達，およびロールプレイについての先行研究を概観してきた。マインドリーディングは各発達段階においてそれぞれ

に重要な研究上の意義があり，またそれに影響を及ぼすと考えられる実行機能と社会的経験についても深く議論していく必要があるだろう。しかしながら，マインドリーディング研究については研究が手薄な児童期以降についての検討が必要であり，またその発達については児童期の「二次の誤った信念課題」の通過時期との関連性をより詳細に検討する必要があると考えられる。本書では，マインドリーディング研究が手薄な時期である成人期，および「二次の誤った信念課題」の通過時期である児童期，特に小学校3年生から5年生を対象として，マインドリーディングがどのような発達を遂げるのか，また社会的経験としてのロールプレイがマインドリーディングにどのような影響を及ぼすのかを解明するために5つの研究を実施した。第2章から第6章では，これらの研究について詳細に述べる。

　第2章は，これまでの研究で実証的に明らかにされていないロールプレイがマインドリーディングに及ぼす効果を検証するために，成人を対象とした心理学実験を行った研究である。新しいマインドリーディング課題であるディレクター課題を先行研究と類似した方法で行い，それに対してロールプレイが及ぼす効果を調べた。

　第3章の研究は，第2章と同様の実験を児童期の子どもを対象として行った。ディレクター課題は棚とアイテムの数を操作することにより難易度を調整することが可能であるが，児童期の子どもは成人と全く同じ課題を行うことも可能である。この研究では，全く同じ課題を児童と成人の両方に行うことで，発達過程にある児童期と成人期におけるロールプレイがマインドリーディングに及ぼす効果の比較を目的としていた。また，児童期は成人期と比べると，1980年代から用いられてきた伝統的なマインドリーディング課題も多いため，従来の課題と新しいディレクター課題の関連を調べることも目的としていた。

　第4章の研究では，これまでのマインドリーディング研究で，暗黙のうちに想定されていた「一般的な他者」の心の理解ではなく，「特殊的な他者」の心の理解というマインドリーディングについて取り上げた。具体的には，自己とは異なる色の見え方の他者から，色情報を用いて指示された際に，他者の視点を考慮にいれて反応する能力と，そのような能力に対するロールプレイの効果について成人を対象に実験を行った。

第5章の研究では,「特殊的な他者」の心の理解の発達と,その能力に及ぼすロールプレイの効果を探るために,児童を対象として,第4章と同様の実験を行った。また,従来児童期のマインドリーディング能力の測定のために多く用いられてきた二次の誤った信念課題と,全く新しいタイプの課題である「特殊的な他者」の心の理解に関する課題との関連を調べることを目的とした。

　第6章の研究では,第2章から第5章までの研究を総合し,ロールプレイの効果について転移効果が起こるかどうかを調べることを目的としていた。第2章から第5章までの研究では,ロールプレイと対応するマインドリーディング課題の内容が全く同じであったが,第6章の研究では,ロールプレイによる学習とは異なる場面のマインドリーディングや,学習場面に加えてさらに他の要素も考慮にいれて他者の心を読み取る必要があるマインドリーディングの場面に対するロールプレイの効果を検討した。

　第7章は総合考察として本書の大きな目的が,社会的経験としてのロールプレイが様々なマインドリーディングに及ぼす効果を検討することと,ロールプレイの効果を通して,これまで研究の少なかった児童期以降のマインドリーディングの発達メカニズムに迫ることであることを示した。

第2章　研究1：ロールプレイで高める特殊な状況での他者理解（成人）

2-1　特殊な状況での他者理解研究の意義

　成人期のマインドリーディング研究を行う際に重要なのが課題の設定である。従来の誤った信念課題をはじめとする，いわゆる心の理論課題は，難易度が低すぎて成人を対象に行うことができない。そこで，課題における状況を複雑である特殊的な状況にすることで成人を対象とできるように工夫が重ねられている。状況が非常に特殊であるために，日常生活につながらないのではないかという批判もあるが，新奇な複雑な場面でのマインドリーディング能力を検討することによって，これまで明らかにされてこなかった成人期のマインドリーディング能力を測定することは意義があると考えられる。

2-2　ロールプレイがマインドリーディングに及ぼす効果：成人

2-2-1　問　題

　マインドリーディングの研究の原点は，Premack & Woodruff（1978）によるチンパンジーの心の理論の研究である。Premackらは，心の理論とは心的状態を自己や他者に帰属する能力と定義した。その後，心の理論の研究は幼児と児童の発達について数多く行われてきた（メタ分析研究としてWellman et al., 2001）。心の理論の獲得指標としては，4－6歳で達成される一次の誤った信念課題の通過（Baron-Cohen et al., 1985; Wimmer & Perner, 1983），および6－9歳ごろに達成される二次の誤った信念課題の通過（Perner & Wimmer, 1985）が広く用いられてきた。また，心の理論の発達と感情理解の関係について，幼児期では心の理論が発達している子どもほど他者の感情理解も発達している傾向を示唆した研究（森野，2005）や児童期において見かけの泣きが生む

誤った信念の理解と二次の誤った信念の理解の関連性を示した研究（溝川・子安，2008）など，心の理論の発達は社会的発達とも関連づけた研究がなされている。

さて，発達研究の分野では幼児期および児童期の心の理論の側面としてのマインドリーディングについての研究は数多く存在するが，児童期以後の時期のマインドリーディングについての研究は，これら発達初期のものに比べると数が少ない。その理由としては，発達初期のマインドリーディングを調べる手法にあたるものが発達後期には十分に開発されていないことが考えられる。

Keysar et al.（2000）は成人参加者を対象にディレクター課題を用いてマインドリーディング能力を検討する研究を行った。ディレクター課題の特徴は，参加者には全てのオブジェクトが見えているのに対し，棚の中にはオブジェクトの背後が閉じられているスロットがいくつかあり，ディレクターからは一部のオブジェクトが見えないようになっているという点である。そのため，参加者とディレクターの間に視覚的なズレが生じることが，従来の視点取得課題とは異なっている。従来の視点取得課題では，同じオブジェクト（群）について，自分からの見え方と他者からの見え方がどのように違うかということを調べたものが大部分を占めている（Koyasu, 1997; 子安，1999; Light & Nix, 1983; Moll & Tomasello, 2006; Piaget & Inhelder, 1948）。しかし，Keysar et al.（2000）の課題では，伝統的な視点取得課題とは異なり，異なる対象物を見ているディレクターの「意図」を理解するために他者の視点についての情報を用いることができるかをどうか調べるものであり，課題解決にマインドリーディングが必要であると想定される。彼らは参加者の視線を測定し，参加者の視線の注視（fixation）回数と，全注視時間の合計，参加者の視線方向を分析した。その結果，成人でさえ，他者の視点を意識しなければならないときであっても，人は自己の視点を中心として対象を見ることが明らかになった。

さらに，Dumontheil et al.（2010）は Keysar et al.（2000）の課題をコンピューター上で行う課題として改良し，Keysar et al.（2000）の条件に加え，ディレクターがいない条件を設定した。女性参加者を対象に実験を行ったところ，実行機能やワーキングメモリの発達が青年期において成人と同レベルまでに達するのに対し，他者の視点を理解して正しい答えを導く能力は青年期以降

も発達するということを明らかにした。Dumontheil, Küster, et al.（2010）は，このような課題をコミュニケーションの状況で行うと，他者の心的状態について考える時に活性化する前頭前野内側部（Medial Prefrontal Cortex; MPFC）および上側頭溝（superior temporal sulcus; STS）が使用されるということから，彼らのディレクター課題の解決にはマインドリーディングが必要であるということを主張している。

　Apperly（2011）は，マインドリーディングの発達には，認知資源をより多く利用できるようになることと社会的な体験の蓄積が重要であると考察している。認知資源とマインドリーディングの関係は Lin et al.（2010）が示唆しているが，社会的な体験の影響についての実験的研究はなされていない。社会的な体験の影響について示唆を与える研究としては，ディレクター課題を用いた研究では訓練として役割交代が用いられている（Keysar, Lin, & Barr, 2003; Lin et al., 2010; Wu & Keysar, 2007）。具体的には，まず参加者とサクラが演じるディレクターがテスト段階と同じ状況で棚を挟んで対峙した。実験者は参加者に写真を見せながら，参加者からは全てのオブジェクトが見えているが，ディレクターからは見えていないということを説明した。そして，参加者とサクラが役割を交代し，参加者がディレクターの役割を経験するというものであった。そこで，参加者にはまず棚のオブジェクトの配置の完成図が手渡され，その配置を目指して相手となるサクラにオブジェクトを動かすように指示をした。これらの調査において，役割交代によって参加者は状況をより正確に理解したと述べられているが，役割交代の効果に関して実験的に調べられたというわけではないため，役割交代が実際に効果的であったかどうかは定かでない。

　そこで，本研究では，成人において，役割を演じる行為としてのロールプレイに着目する。ロールプレイによって，社会的な体験を蓄積することで，他者視点を理解し，意図を読み取るというマインドリーディングの能力が活性化し，より少ない認知コストで正確に素早く他者の意図理解が可能になるのかということを検討する。

　なお，一般的にロールプレイの効果としては，大学生において対人関係の改善（面高・柴山，2008；面高・柴山，2009），青年期アスペルガー障害者の自己理解（滝吉・田中，2009），中学生のソーシャルスキルの向上（金山他，

2005），小学生の他者理解（台，2003）などが挙げられるが，自分を客観的に見るということが議論に上がっていることが多い。これらの研究は事例研究や観察研究，参加者の内省報告がほとんどで，ロールプレイの効果に関して，統制群を設定して実験的に検討しているものはない。

そこで，本研究では，大学生を対象に，Dumontheil et al.（2010）の課題を修正したものを使用し，視点のズレが生じている相手の意図を読み取るというディレクター課題の遂行にロールプレイがどのような影響を与えるのかを実験的手法を用いて明らかにする。本研究の目的は以下のとおりである。

ロールプレイがディレクター課題の遂行に及ぼす影響について，事前にロールプレイを体験する「ロールプレイあり群」とロールプレイなしの練習を行う「ロールプレイなし群」を構成し，ロールプレイによって相手の役割を経験することで，自分とは異なるものを見ている相手の視点，意図を読み取り適切な行動を取ることができるようになるという仮説を検証することを目的とする。具体的には以下の4つの仮説である。

（仮説 a）ロールプレイあり群は，ロールプレイなし群よりもディレクター課題の誤答率が低い。

（仮説 b）ロールプレイあり群は，ロールプレイなし群よりも反応時間が早い。

（仮説 c）意図を読み取るために他者視点を必要とする課題にのみロールプレイ体験の有無による差が生まれ，自己視点のみで行える課題に関してはロールプレイ体験の有無による影響は現れない。

（仮説 d）誤答率と反応時間に関して，ロールプレイあり群とロールプレイなし群の差は，最初は大きいが，ブロックを重ねると共に練習効果が生じることによりロールプレイあり群はロールプレイなし群よりも先に天井効果が表れる。そのため，ロールプレイなし群がロールプレイあり群に追いつき，その差は小さくなるものの，逆転することはない。

2-2-2 方　法
実験計画
　ロールプレイ 2 （参加者間要因；あり・なし）×ブロック 5 （参加者内要因；1-5ブロック）の混合デザインであった。
実験参加者
　大学生・大学院生40名（平均年齢21.2歳，男性20名，女性20名）が実験に参加した。参加者をランダムにロールプレイあり群（平均年齢20.6歳，男性10名，女性10名）とロールプレイなし群（平均年齢21.7歳，男性10名，女性10名）に割り付けた。実験は，個人用のブース形式の心理学実験室で行われ，事前に必要なインフォームドコンセントをとって実施した。
材　料
　2台のノート型コンピュータを用いて実験を行った。参加者への説明，ロールプレイ教示およびロールプレイなし教示において，説明の画像はノート型コンピュータ（SONY VAIO VPCEA1AFJ）を用いて呈示された。スクリーンタッチの反応精度を上げるための練習試行（10試行）とテスト試行（20試行）ではタッチパネル搭載のノート型コンピュータ（FUJITSU LIFEBOOK AH/R3）で以下に示す画像と音声を呈示した。画像は Adobe Photoshop で作成，編集された。指示に用いた音声はICレコーダ（Sony ICD-SX850）を用いて録音され，コンピュータで呈示された。参加者への説明とロールプレイあり教示，ロールプレイなし教示の材料作成と呈示は Microsoft PowerPoint 2007を用いた。テスト刺激のプログラムは Super lab 4.0で作成し呈示した。ロールプレイにおいては首から下げる名刺カードホルダーに青色の折り紙を入れたものを「店長」の名札として使用し，注文書はA6判用紙で呈示された。
　練習試行では4×4の16のスロットに分かれた棚のどこかにオブジェクトとして飛行機とパトカーが置かれている場面の画像を用いた。テスト試行では同じ4×4の棚にオブジェクトが8つ置かれている画像を20枚用いた。使用したオブジェクトは，カップ，リンゴ，サイコロなどであった。棚の右後ろには店長に擬したウサギの絵が描かれていた。テスト試行のウサギの絵には胸に青いバッジがつけられていた。棚の16個のスロットのうち5つのスロットは，棚の背後が閉じており，反対側からは中に何が置かれているかわからないものとし

32　第2章　研究1：ロールプレイで高める特殊な状況での他者理解（成人）

(a) 例示刺激（参加者視点） 　　　　　(b) 例示刺激（ウサギ視点）

(c) テスト刺激（実験条件） 　　　　　(d) テスト刺激（統制条件）

Figure 2-1．研究1のディレクター課題で用いた刺激例

た。背後が閉じられた5つのスロットは，どの行どの列にも少なくとも1つはあるという制約のもとで，ランダム化されて設定された。テスト試行で使用した20枚の画像のうち，5組10枚の画像は8つのオブジェクトの中で1つのみが異なるという対応関係があり，その違いはターゲット刺激のディストラクタとなるオブジェクトの有無であった（Figure 2-1の（c）と（d）の右下のオブジェクト参照）。ターゲット刺激のディストラクタが存在する画像を用いた試行を実験試行，ディストラクタが存在しない画像を用いた試行を統制試行とした。例えば，Figure 2-1の（c）は実験試行に用いられた画像刺激，Figure 2-1の（d）は統制試行に用いられた画像刺激であり，両試行ともに音声刺激は「注文は小さなサイコロ」であった。このとき，ターゲット刺激となるのは一番下の段の左端のスロットにあるサイコロとなるが，実験試行ではFigure 2-1の（c）のように下から二段目の段の右端のスロットにさらに小

さなサイコロが存在している。これは背後が閉じているため，ウサギからは見えていないという設定のディストラクタであり，これを選択することは誤答であった。他方，統制試行では同じ場所にパンダのぬいぐるみが置かれており，これはサイコロではないため，参加者が選択に迷う余地はない。つまり，実験試行では選択肢となるオブジェクトが3つあり，最も音声刺激に合致するオブジェクトはウサギの視点からは見えていないため，ウサギの視点を正しく理解し，抑制することが求められた。一方で，統制試行では選択肢となるオブジェクトは2つであり，その両方がウサギからも参加者からも見えるものであったため，自己視点のみの利用でも正しく答えられた。なお，練習試行で用いた飛行機とパトカーの画像はテスト試行では使用しなかった。

　練習試行では,「飛行機」または「パトカー」という女性の声を用いた。テスト試行では，同じ女性の声で「注文は　大きな　カップ」などの音声を用いた。注文は全て「大きな」「小さな」「上の」「下の」の4種類のどれかがオブジェクトの前に付いていた。

　テスト試行の前に5試行1セットの練習試行を2セット行った。練習試行では4×4の棚の全てのスロットの背後が開いた状態で呈示された。飛行機とパトカーの画像が1つずつ呈示され,「飛行機」もしくは「パトカー」のどちらかの音声が同時呈示された。参加者は呈示された音声のオブジェクトを見つけ，ＰＣ画面上でスロット内のオブジェクトの部分をタッチすることを求められた。練習試行では，参加者が正答することによってのみ次の試行へと移り，誤答の場合は同じ画像が呈示され続けた。

　テスト試行では4試行を1ブロックとして5ブロック，合計20試行の課題を行った。1ブロックの構成は，最初の3試行が実験試行，最後の1試行が統制試行であった。実験試行の3試行の刺激が呈示される順序は参加者ごとにランダム化された。対応する実験試行と統制試行は連続呈示されないように1ブロックに含まれる試行と全5ブロックの呈示順序を設定した。実験試行では参加者がオブジェクトのどれかをタッチするか，音声呈示後3秒経過することで次の試行へと移った。テスト試行では注文はウサギから見えているもののみとされたため，ウサギからは見えないオブジェクトへの反応は誤答とされた。これに関しては，テスト試行に入る前に全ての参加者に強調して伝えられた。

手続き

　最初に，実験者は参加者に「ウサギのなんでもやさんゲーム」を行うことを教示した。その後，実験者は２つの例示画像を用いて，参加者側から棚を見たときには中に４つのものが見えているが，ウサギの側から見ると閉じているスロットの裏側に４つのものが置かれており，実際には合計８つのオブジェクトがあるということを参加者に説明した。この説明は参加者が理解するまで繰り返し行った。その後，ロールプレイあり群には以下のロールプレイ教示が，ロールプレイなし群にはロールプレイなし教示が与えられた。

　ロールプレイあり教示　実験者は参加者に最初は「店長」の役割を行うように伝えた。実験者は参加者に店長の名札である青いバッジを手渡し，参加者は名札を首からかけた。これは，テスト試行の画像のウサギがつけているバッジと同一に見えるものとした。実験者は参加者に注文書を手渡し，それに添って参加者はＰＣ画面上の「店員」役のウサギに向かって「注文は○○」と声に出して言った。画像は参加者からは棚の中のオブジェクトのいくつかが見えない画像を用いた。ウサギの応答は，参加者の言葉に合わせて実験者がＰＣ操作をすることで，アニメーションによって画面上のオブジェクトがウサギの手元に移動した。注文書は１枚ずつ全部で５枚が参加者に手渡され，順に全ての注文は場所（上の，下の）か大きさ（大きな，小さな）とオブジェクト名の情報を含むものであった。ウサギの応答は３つめの注文のみ正しくオブジェクトを選び，残りの注文は全て参加者からは中身が見えていない棚からものを取り出す誤答の設定にした。全ての注文が終了した後，実験者から参加者にウサギと役割を交代することが告げられ，参加者はバッジを外した。

　ロールプレイなし教示　実験者は参加者に，ゲームの流れを例示しながら口頭で説明した。実験者は説明に合わせてＰＣ操作を行い，ロールプレイあり教示と同じアニメーションがＰＣ画面上に表示された。表示されたアニメーションはロールプレイあり教示と全く同じものであり，参加者は画面を見ながら，実験者がロールプレイあり条件の注文書の内容と同じものを１つ１つ同じ順番で読み上げるのを聞き，それにあわせて，ウサギが正答したり誤答したりするアニメーションを見るというものであった。全ての説明が終了した後，実験者から参加者にウサギと場所を交代することが告げられた。

ロールプレイあり群，ロールプレイなし群ともに，以後は共通の手続きで行われた。実験者は，ここから参加者が「店員」役，ウサギが「店長」役であることを教示し，再び例示画像を用いて参加者に棚の仕組みを説明した。先の説明と異なり，この説明では「店員」である参加者側から棚を見たときには中に8つのオブジェクトが見えているが，「店長」であるウサギの側から見ると閉じているスロットのオブジェクトは見えないので，中に4つのオブジェクトしか見えていないという点であった。この説明の後，視点のズレを正しく理解していることの確認の質問として，参加者にもウサギにも見えているものと参加者には見えているがウサギには見えていないものをそれぞれ尋ねた。この質問に通過した後，実験者は，参加者にウサギが「注文は○○」と指定してくるので，お客さんを待たせないようになるべく早くオブジェクトを取り出すようにすることと，ウサギの視点をよく考えてオブジェクトを取り出すことを伝えた。そして，タッチパネル搭載型のＰＣを用いているので，オブジェクトを取るときには画面上でオブジェクトにタッチをすればよいことと，お客さんが来る前に練習を行うことが参加者に告げられた。ここまでの教示はＰＣ画面上での呈示と同時に実験者が口頭で読み上げて行った（付録2参照）。

練習試行　各参加者5試行の練習試行を行った。この5試行終了後，実験者からＰＣ画面のタッチの仕方についての注意点が再度教示され，その後参加者は更に5試行の練習試行を行った。再教示後の5試行ではタッチミスによるエラーは見られなくなった。

テスト試行　両群ともに練習試行終了後，テスト試行を20試行受けた。

事後質問　テスト試行終了後，実験者は参加者に課題の難易度はどうか，攻略法を思いついたか，思いついた場合はどのような方略かの3つの質問を口頭で行い，参加者は自由に回答した。参加者の回答内容は実験者によって記録された。この質問の回答の中でウサギについて言及のない参加者は，Dumontheil et al.（2010）が指摘しているようなコミュニケーションを用いない方略で回答を行った可能性があるため，分析対象から除外する目的で質問は行われたが，全参加者からウサギについての言及を得た。

2-2-3 結　果

先行研究（Keysar et al., 2000; Dumontheil et al., 2010）ではディレクター課題の性差に関する報告はないが，性差の有無を確認するため，性別を要因に加えて以下の分析を行った。

誤答率

Table 2-1は，群別，性別，条件別の平均誤答率と標準偏差の結果を示したものである。

テスト試行（実験試行）　　テスト試行のうち実験試行15試行における参加者の誤答率について，ロールプレイ（あり，なし）×性別（男性，女性）の分散分析を行ったところ，ロールプレイの主効果が有意であった（$F(1, 36) = 9.90, p = .003, \eta_p^2 = .22$）。誤答率は，ロールプレイあり群（$M = 9.12, SD = 8.15$）に比べ，ロールプレイなし群（$M = 19.00, SD = 11.60$）の方が高かった。性別の主効果，交互作用は有意ではなかった（性別：$F(1, 36) =$

Table 2-1. 誤答率の群別, 条件別平均と標準偏差(%)

	実験条件 M	SD	統制条件 M	SD
ロールプレイあり群				
男性	13.33	8.31	4.44	8.31
女性	5.33	5.81	2.00	6.00
全体	9.12	8.15	3.16	7.29
ロールプレイなし群				
男性	20.67	8.14	10.00	13.42
女性	17.33	14.05	8.00	9.80
全体	19.00	11.60	9.00	11.79

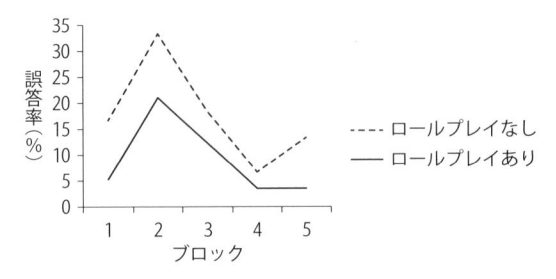

Figure 2-2. 誤答率の推移

2.82, $p = .102$, $\eta_p^2 = .07$; 交互作用：$F(1, 36) = .40$, $p = .533$, $\eta_p^2 = .01$)。

テスト試行（統制試行）　テスト試行のうち統制試行5試行における参加者の誤答率について，ロールプレイ（あり・なし）×性別（男性・女性）の分散分析を行ったところ，主効果，交互作用ともに有意ではなかった（ロールプレイ：$F(1, 36) = 3.45$, $p = .072$, $\eta_p^2 = .09$; 性別：$F(1, 36) = .38$, $p = .540$, $\eta_p^2 = .01$; 交互作用：$F(1, 36) = .00$, $p = 1.00$, $\eta_p^2 = .00$)。

誤答率の推移　Figure 2-2は，性別の要因を込みにして，5ブロック間の誤答率の推移を群別に示したものである。実験試行について，誤答率の推移を確認するため，全試行を5ブロックに分け，ロールプレイ（あり・なし）×性別（男性・女性）×ブロック（1-5）の分散分析を行ったところ，ロールプレイの主効果とブロックの主効果が有意であった（ロールプレイ $F(1, 36) = 8.72$, $p = .006$, $\eta_p^2 = .20$; ブロック：$F(4, 144) = 9.13$, $p < .001$, $\eta_p^2 = .20$)。ブロック要因の主効果におけるRyan法による多重比較の結果，誤答率はブロック1からブロック2にかけて上昇した後，ブロック3，ブロック4へと順に減少しており，誤答率の変化はブロック4までであった（$MSe = 309.06$, $\alpha = .05$)。性別の主効果は有意ではなかった（$F(1, 36) = 3.30$, $p = .078$, $\eta_p^2 = .08$)。

反応時間

ディレクター課題において，指示音声の終了後から参加者が画面をタッチするまでの時間を反応時間として記録した。反応時間の分析は参加者が正答した試行のみを全て分析対象とした。Table 2-2は，群別，性別，条件別の平均反応時間（ミリ秒）と標準偏差の結果を示したものである。

最終練習試行　参加者がテスト試行を始める直前のタッチ操作による反応時間の差を検討するため，練習試行の2セット目の最後の練習試行の反応時間についてロールプレイ（あり・なし）×性別（男性・女性）の分散分析を行ったところ，主効果，交互作用ともに有意ではなかった（ロールプレイ：$F(1, 36) = .24$, $p = .626$, $\eta_p^2 = .01$; 性別：$F(1, 36) = .62$, $p = .437$, $\eta_p^2 = .02$; 交互作用：$F(1, 36) = .00$, $p = .965$, $\eta_p^2 = .00$)。

テスト試行（実験試行）　テスト試行のうち実験試行15試行における参加者の反応時間について，ロールプレイ（あり・なし）×性別（男性・女性）の

Table 2-2. 反応時間の群別,条件別平均と標準偏差 (ミリ秒)

	実験条件 M	実験条件 SD	統制条件 M	統制条件 SD	最終練習試行 M	最終練習試行 SD
ロールプレイあり群						
男性	1164.77	252.69	1146.19	350.99	805.22	588.56
女性	1009.62	128.45	1099.02	275.52	1073.6	954.43
全体	1083.11	211.97	1121.36	314.43	946.47	1176.82
ロールプレイなし群						
男性	1438.27	361.28	1457.78	330.8	1438.27	361.28
女性	1232.31	353.01	1275.06	405.57	1232.31	353.01
全体	1335.29	371.72	1366.42	381.19	1335.29	371.72

分散分析を行ったところ,ロールプレイの主効果と性別の主効果が有意であった(ロールプレイ:$F(1, 36) = 5.63, p = .023, \eta_p^2 = .14$;性別:$F(1, 36) = 4.15, p = .049, \eta_p^2 = .10$)。反応時間は,ロールプレイあり群($M = 1083.11, SD = 211.97$)に比べロールプレイなし群($M = 1335.29, SD = 371.72$)の方が長かった。また,女性($M = 1120.97, SD = 288.02$)に比べ男性($M = 1319.06, SD = 337.26$)の方が長かった。交互作用は有意ではなかった($F(1, 36) = .007, p = .936, \eta_p^2 = .00$)。

テスト試行(統制試行) テスト試行のうち統制試行5試行における参加者の反応時間について,ロールプレイ(あり・なし)×性別(男性・女性)の分散分析を行ったところ,ロールプレイの主効果,性別の主効果,交互作用ともに有意ではなかった(順に,$F(1, 36) = 3.42, p = .073, \eta_p^2 = .09$; $F(1, 36) = 1.51, p = .228, \eta_p^2 = .04$; $F(1, 36) = .12, p = .736, \eta_p^2 = .00$)。

反応時間の推移 群間に差が見られた実験試行について,ブロック間の反応時間の推移を確認するため,ロールプレイ(あり・なし)×性別(男性・女性)×ブロック(1-5)の分散分析を行ったところ,全ての主効果が有意であった(ロールプレイ:$F(1, 36) = 4.77, p = .036, \eta_p^2 = .12$;性別:$F(1, 36) = 4.50, p = .041, \eta_p^2 = .11$;ブロック:$F(4, 144) = 16.98, p < .001, \eta_p^2 = .32$)。ブロック要因の主効果におけるRyan法による多重比較の結果,ブロック1からブロック3では反応時間に差はなく,ブロック3からブロック4にかけて反応時間が減少し,ブロック4とブロック5では反応時間に差はなかった($MSe = 111,630.32, \alpha = .05$)。Figure 2-3は,性別の要因を込みに

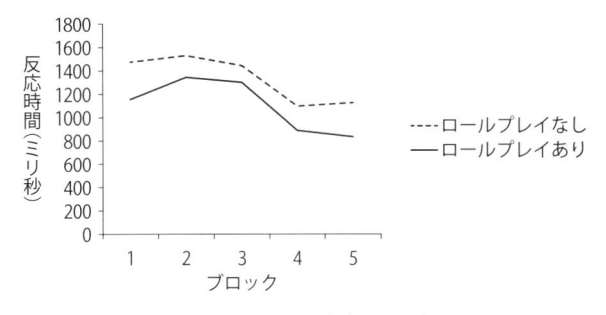

Figure 2-3. 反応時間の推移

して，ブロック間の反応時間の推移をロールプレイの群別に示したものである。

2-2-4 考　察

　テスト試行では，実験試行において，ロールプレイあり群の方がロールプレイなし群に比べて誤答率が低く（Table 2-1），反応時間も速い（Table 2-2）という結果が得られた。この結果は，仮説 a「ロールプレイあり群は，ロールプレイなし群よりもディレクター課題の誤答率が低い」と仮説 b「ロールプレイあり群は，ロールプレイなし群よりも反応時間が早い」を支持するものであった。

　他方，テスト試行の統制試行において，両群の間に差は見られなかった。課題の性質上，参加者はテスト試行に入る前に，自己視点と他者視点のズレの認識ができていることを実験者が確認したため，全員視点取得はできていたと考えられる。実験試行では課題への正答には，他者の意図を理解するというマインドリーディングが必要となるが，統制試行では他者の意図を理解する必要はなく，自己視点のみで課題に正答することができた。また，テスト試行に入る前の最終練習試行では，全ての参加者が正答しており，かつ両群の間に反応時間の差は見られなかった（Table 2-2）。これらの点から，ロールプレイは他者の意図を読み取るためにマインドリーディングを必要とする課題を遂行することに関して相当の影響を与えたと考えられる。この結果は仮説 c「意図を読み取るために他者視点を必要とする課題にのみロールプレイ体験の有無による差が生まれ，自己視点のみで行える課題に関してはロールプレイ体験の有無に

よる影響は表れない」を支持するものであった。

　ロールプレイが他者の意図の理解に与えた影響として考えられるのは，バッジを付け，注文書を読むという店長の役割を演じている際に参加者は「店長」である自分が指示した品物と「店員」が取り出した品物にずれがあるということを心理的に体験したことである。その体験により，想像するだけで漠然と考えていた他者の視点，知識，意図などをイメージ化することがロールプレイによってより容易になり，他者視点の理解に関わる知識が活性化されたと考えられる。これは，竹田・兼光・太湯（2001）が，高齢者疑似体験装具を用いた高齢者疑似体験によって，漠然としていた高齢者像をイメージ化できるようになったと報告していることからも示唆される。さらに，誤答率と反応時間のブロック間の推移（Figure 2-2，2-3）から，そのイメージ化はある期間持続すると考えられるが，課題の練習効果の影響も考えられるため，今後の研究で詳細な検討が必要である。さらに，本研究では仮想相手としてパソコン画面上のウサギを用いたが，それでも役割交代の効果が現れたことは，これまでの類似研究で用いられた役割交代が効果的であったことと同時に，バーチャルな相手との役割交代も効果的であるということを示唆している。これらの結果は，Apperly（2011）の社会的インタラクションによるマインドリーディングへの影響に関する考察に関して，その関連性を示唆するものである。

　反応時間に関して，当初は想定していなかった性差が確認された。直接関連する先行研究（Dumontheil et al., 2010）は，女性参加者のみを対象とする研究であったので，性差を確認したこと自体は新しい発見ではあるが，その解釈は必ずしも容易ではない。可能性として考えられることは，女性参加者の方が男性参加者よりも「ウサギの視点」に対して違和感が少なかったかもしれないという点である。これは，共感のような他者の思考や感情を読み取る能力において男性よりも女性の方が優れていることを指摘している Baron-Cohen & Wheelwright（2004）の知見なども参照しながら，今後さらに検討を加えるべき問題である。本実験のロールプレイなし群の女性の結果は，Dumontheil et al.（2010）の成人の結果に比べて，誤答率も低く，反応時間も早い。これは，先行研究では，マウスでオブジェクトをクリックし，オブジェクトの移動先までカーソルを移動させることが求められていたが，本研究では画面をタッチす

ることのみが求められていたという違いによるものである可能性が考えられる。また，Wu & Keysar（2007）が指摘しているように，東洋人と西洋人の間で見られる文化差の可能性も考えられる。これらの差に関しては，慎重に検討する必要がある。

　誤答率，反応時間ともにロールプレイ要因とブロック要因の両方の主効果は見られたが，交互作用は見られなかった（Figure 2-2, 2-3）。これは仮説d「誤答率と反応時間に関して，ロールプレイあり群とロールプレイなし群の差は，最初は大きいが，ブロックを重ねるとともに練習効果が生じて差は小さくなるものの，逆転することはない」のうち「差が逆転することはない」という部分を支持するにとどまった。その理由として考えられることは，課題の難易度が試行ごとに異なっていた可能性である。誤答率，反応時間ともにブロック2で両群ともに成績の低下が見られた（Figure 2-2, 2-3）のは，ブロック2に含まれる課題の難易度が高かったからとも考えられる。誤答率の推移でも反応時間の推移でもブロックの主効果が見られたが，課題の難易度の影響のみの結果かもしれない。各試行の難易度を厳密に統制し，ブロックについても参加者間でランダム化を行って検討することで，ブロックの主効果が現れた原因や，ロールプレイ要因とブロック要因の交互作用についてより正確に検討することができるだろう。

　また，本実験ではテスト試行終了後に質問を行うことによって，他者の意図の理解を利用せずに課題を遂行したと考えられる参加者がいないことの確認を行ったところ，全ての参加者から「ウサギがどれのことを言っているかを間違わないように気を付けた」のようにウサギの意図についての言及を得ることができたが，その質問だけで十分に方略を尋ねることができたかどうかはわからない。さらに詳しく参加者に方略を尋ねることによって反応時間に現れた性差についてもより深い検討を行うことができるだろう。

第3章　研究2：ロールプレイで高める特殊な状況での他者理解（児童）

3-1　児童期におけるロールプレイ研究の意義

　成人期においてマインドリーディングにポジティブな影響を与えることが示されたロールプレイであるが，子どもには同様の効果があるのだろうか。これまでの研究では，マインドリーディングの発達の節目は幼児期である4-6歳に1つ目を迎え，児童期である6-9歳で2つ目を迎えると考えられてきた。子安他（1998）は二次の誤った信念課題の通過は，その他の他者の心の理解に関する課題の通過とも関わっており，日本人では2つ目の節目の中でも小学校3年生から5年生でその重要な発達のポイントを迎えることを明らかにしている。従って，この時期の子どものマインドリーディングの発達について詳細に検討することは非常に意義深いと考えられる。そこで，本研究ではこの3学年の児童を対象としてロールプレイがマインドリーディングに及ぼす効果を明らかにする。また，研究1で行った事後質問をさらに詳細なものに変更することで，ロールプレイのメカニズムへのヒントを得ることも目的とした。

3-2　ロールプレイがマインドリーディングに及ぼす効果：児童

3-2-1　問　題

　マインドリーディング研究はこれまで，心の理論研究として主に幼児期と児童期を対象に行われてきた（c.f. Wellman et al., 2001）。代表的な課題は一次の誤った信念課題（Wimmer & Perner, 1983）と二次の誤った信念課題（Perner & Wimmer, 1985）であるが，二次の誤った信念課題の通過後の発達に関しては研究が少なく，また児童期より後の心の理解に関して「心の理論」という用語を用いてもよいのかという議論もある。もともと「理論」という用語が用い

られている背景には，人の心について，いったん理論を構成すればその人の行動について何らかの予測ができるようになるという考えがあり（子安, 2000），心の理論は獲得したかどうかのみ議論されるべきものであるという主張もある（Apperly, 2011）。

　Apperlyは，前述したように心の理論，視点取得，意図理解なども含めた包括的な概念としてマインドリーディングを捉えている。これらの流れから，マインドリーディングは心の理論概念に代わるオールタナティブの1つとして考えられている（子安, 2011）。つまり，マインドリーディングとは広義には他者の心の理解全般を指すが，狭義にはこれまで幼児期，児童期を中心に研究が盛んであった心の理論に相当する能力を指すものと捉える概念である。

　Dumontheil et al.（2010）は，ディレクター課題をパソコン画面上で行い，参加者にマウスクリックで反応させた。そして，その誤答率と反応時間を測定して分析することで，マインドリーディングの発達を連続変量として捉えた。この結果，Dumontheilらは「実行機能の発達が青年期後期において成人と同レベルに達しても，マインドリーディングの発達はさらに続く」と主張している。Dumontheilらにより，マインドリーディングの発達が児童期から成人期まで連続的に捉えられること，そして，マインドリーディングの能力は，実行機能とは異なる発達の様相を示すことが示唆された。

　Dumontheil et al.（2010）において示唆された成人期までのマインドリーディングにどのような要因が影響しているのかということについて，Apperly（2011）は，認知資源をより多く利用できるようになることと社会的な体験の蓄積が重要であると考察している。成人期における認知資源とマインドリーディングの関係はLin et al.（2010）が検討しており，社会的な体験の影響については前章の研究1において，社会的体験としてのロールプレイの効果を調べることで検討した。研究1では，Dumontheil et al.（2010）の課題において，コミュニケーションの相手がオブジェクトの移動を参加者に求めていたものを，単純にオブジェクトを選択するという課題に修正し，また，マウスクリックで求めていた反応を，タッチパネルでの反応に変更することでマウスの習熟度による影響を排除した。そして，成人参加者を課題前に他者の役割を演じるロールプレイを行うロールプレイあり群と，ロールプレイを行わないロールプレイ

なし群に分け，ディレクター課題の成績を比較した。その結果は，ロールプレイあり群はロールプレイなし群よりも誤答率が低く，反応時間が短いというものであり，ロールプレイがマインドリーディングを活性化することが示唆された。研究1によって明らかになったロールプレイの効果は，発達過程にある児童期や青年期においても社会的な能力にポジティブな影響を及ぼすことがさまざまな事例研究により示唆されてきた。例えば，金山他（2005）は，中学生において職場体験を題材としたロールプレイがソーシャルスキルを向上させることを述べており，台（2003）は小学生においていじめ場面のロールプレイによって他者理解が促進されることを指摘している。

　そこで本研究では，研究1において成人で見られたロールプレイがマインドリーディングに及ぼす効果が，児童期においても同様に見られるのかどうかを実験的に検討することと，従来の心の理論研究と，Keysar et al.（2000）以降に行われているディレクター課題を用いた研究との関連を確認することを目的として行った。子安他（1998）では，さまざまな他者の心の理解に関する課題を小学1-6年生と大学生に行っており，その結果，児童期のマインドリーディング研究で重要と考えられている二次の誤った信念課題は，「うそと皮肉の区別」「責任性の理解」の両方と関連することが示された（課題内容は付録1参照）。また，「うそと皮肉の区別」は3年生ごろ，「責任性の理解」は4年生ごろ，二次の誤った信念課題は5年生ごろに正答率の上昇が見られるということが示された。本研究では，これら3つの課題を用い，発達の節目を迎えていると考えられる小学3年生，4年生，5年生を対象として実験調査を行うことで，従来の心の理解課題とディレクター課題の関連を検討することを目的とした。また，大学生も対象とすることで，これらの課題に全て通過した児童との比較を行い，従来の心の理解課題では，成人に近いとされた児童のマインドリーディング能力の検討を行うことも目的であった。

　具体的には，以下の4つの仮説を検証する。

（仮説a）児童期においてもロールプレイはマインドリーディングに影響を及ぼすため，成人と同様にロールプレイなし群はロールプレイあり群よりも誤答率が高い。

（仮説 b）ディレクター課題は，従来の心の理解課題と同様の能力を測定しているため，心の理解課題の成績がよい児童ほどディレクター課題の誤答率が低い。

（仮説 c）心の理解課題の全てに通過した児童であっても成人に比べると誤答率が高い。

（仮説 d）心の理解課題の成績が低い児童は，心の理解課題の成績が高い児童よりもマインドリーディング能力が未発達なため，ロールプレイの影響は強く現れる。

3-2-2 方　法

実験計画

ロールプレイ2（参加者間要因；あり・なし）×他者の心的状態の理解能力（児童－低群，児童－高群，成人）の参加者間デザインであった。

実験参加者

小学生の参加児は，神戸市内の児童館を利用している児童54名であり，ランダムにロールプレイあり群とロールプレイなし群に割り付けた。全参加児のうち，ディレクター課題においてマインドリーディングの必要のない統制条件の誤答率が50％を超えた8名については分析対象外とした。最終的な分析対象となった参加児数は，小学3年生19名（男児8名，女児11名），4年生13名（男児6名，女児7名），5年生14名（男児7名，女児7名）の46名であった。平均年齢は9.54歳であった。小学生の参加児の実験は児童館の図書室で個別に行われ，事前のインフォームドコンセントは保護者と児童館の先生から得た。

成人の参加者は，国立K大学の大学生40名であり，ランダムにロールプレイあり群とロールプレイなし群に割り付けた。男性20名，女性20名で，平均年齢が19.60歳，年齢の範囲は18歳から24歳であった。成人参加者の実験は，個人用のブース形式の心理学実験室で行われ，事前に必要なインフォームドコンセントをとって実施した。

材　料

小学生の参加児に対して，子安他（1998）で児童期において重要であることが示唆されている二次の誤った信念課題と，3年生ごろに通過すると考えられ

る「うそと皮肉の区別」の課題，4年生ごろに通過すると考えられる「責任性の理解」の課題，合計3題を用いた。これらの課題は全て，登場人物Aが，登場人物Bの心的状態を理解しているかどうかの理解を問うものであり，二次の誤った信念課題は，「うそと皮肉の区別」「責任性の理解」の両方と関連することが示されている（子安他，1998）。解答に制限時間は特に設けておらず，参加児が解答を終了した様子であれば実験者から解答が終了できたかの確認を行った。参加児が解答に困難を示しているようであれば，質問文を読み上げてから5分経過後に実験者から参加児に対して，難しかったら「？」をつけて飛ばしてもよいことが伝えられ，次の課題へと進んだ。成人に対しては，子安他（1998）や林（2002）の結果では大学生の正答率がほぼ100％であったため，本研究では，実施を省略し，全員が正答できるものと仮定した。

ディレクター課題

　児童の参加者は3題の心の理解課題の後に，ディレクター課題を行った。成人の参加者はこの課題のみ行った。最初の説明，ロールプレイ教示およびロールプレイなし教示において，画像と教示文は14インチのノート型コンピュータ（SONY VAIO VPCEA1AFJ）を用いて呈示された。練習試行（10試行）とテスト試行（20試行）ではタッチパネル搭載の15.6インチのノート型コンピュータ（FUJITSU LIFEBOOK AH/R3）で以下に示す画像と音声を呈示した。画像は Adobe Photoshop で作成，編集された。音声は IC レコーダ（SONY ICD-SX850）を用いて録音された。参加者への説明とロールプレイあり教示，ロールプレイなし教示の材料作成と呈示は Microsoft PowerPoint 2007を用いた。練習試行，テスト試行のプログラムは Super Lab 4.0で作成し呈示した。ディレクター課題で用いた画像刺激の一部は Figure 3-1 に記載した。

手続き

　実験者は，まず参加者に「ウサギのなんでもやさんゲーム」を行うことを教示した。そして，ゲームのルールを Figure 3-1 の（a）と（b）を交互に提示することで参加者に伝えた。具体的には，棚を挟んで向かい側にいる相手と参加者は異なるものを見ていること，店長役が店員役に棚の中のオブジェクトを取るように伝えるが，店員は店長に見えているものを考慮して取らなければならないことであった。その後，ロールプレイあり群にはロールプレイを用い

48　第3章　研究2：ロールプレイで高める特殊な状況での他者理解（児童）

(a) 例示刺激（参加者視点）

(b) 例示刺激（ウサギ視点）

(c) テスト刺激（実験条件）

(d) ロールプレイ刺激

Figure 3-1．研究2のディレクター課題で用いた刺激例

た教示を行い，ロールプレイなし群には，ロールプレイを使わない教示を行った。

ロールプレイあり教示　ロールプレイあり教示では，参加者は首から下げる名刺カードホルダーに青色の折り紙を入れたものを「店長」の名札として身に着けた。そして，実験者が手渡す注文書（A6判の用紙に「注文は○○」と記載されていた）に記されている注文を「店長」として「店員」であるウサギに口に出して伝えるということを演じた。参加者は注文を伝えた後，ウサギがオブジェクトを取るというアニメーションを見た。注文は5つであり，ウサギの反応は3つ目のみ参加者から見えているオブジェクトを正しく取るというものであったが，それ以外は，参加者から見えていないオブジェクトを取るという誤答であった。注文書の内容は，研究1で用いた上下の属性は，成人の参加者から比較的難しかったとの報告があったため，児童を対象とした本研究で

は難易度を下げるために削除し，大小の属性のみとオブジェクト名から構成されていた。ウサギの誤答は，大小それぞれ2回ずつと設定され，3つめの注文（属性は大）のみが正答とされた。5つの注文が終わった後，参加者は「店長」の名札を外した。

ロールプレイなし教示　ロールプレイなし教示では，参加者はロールプレイあり教示と同じ画像，同じアニメーションを見たが，研究1と同様にそれらは全て実験者による教示に合わせて呈示され，参加者は特に能動的な行動は行わなかった。

これらの教示（付録2参照）の後は，両群ともに同じ手続きで実験を行った。参加者には次は参加者が「店員」，相手のウサギが「店長」であるということが伝えられ，再度棚の仕組みの確認が行われた。参加者が正しく状況を理解しているかの確認と視点取得が可能かどうかの確認のため，「参加者には見えているが，ウサギには見えていないオブジェクト」と「どちらにも見えているオブジェクト」を参加者に尋ねた。その結果，全ての参加者は問題なく解答することができた。

練習試行　練習試行では，4×4の棚のどこかに飛行機とパトカーが置かれている画像の呈示と同時に女性の声による「飛行機」，あるいは「パトカー」の音声が呈示された。参加者には音声が流れた方のオブジェクトをタッチすることが求められた。練習試行は5試行×2セット行われ，最初の5試行の後，実験者によりタッチの仕方に対するフィードバックがあり，その後に残りの5試行が行われた。練習試行は参加者がタッチによる反応に慣れるために行われ，実験者によるフィードバック後にはほとんどタッチミスによる誤答は見られなかった。なお，練習試行では参加者の正答によってのみ次の試行が始まった。

テスト試行　練習試行の後，20試行のテスト試行が行われた。テスト試行で用いられた画像刺激は，全て4×4の16のスロットに分かれた棚にオブジェクトが5つ置かれているというものであった。使用したオブジェクトは，ハンバーガー，花，サイコロ，ボールの4種類であった。置かれているオブジェクトは大中小の3つのサイズに分類できるものと，大小2つのサイズに分類できるものであり，大小2つのサイズのものは両方が反対側からも見えるスロットに配置された。一方，大中小の3つのサイズに分類できるものは，最も大きな

もの，あるいは最も小さなものが反対側からは中身がわからないスロットに配置された（Figure 3-1 の（c）参照）。研究 1 ではこのような操作は行っていなかったが，この操作を加えることで，参加者が音声刺激の内容を予測しにくくなると考えられたため，本研究ではこの修正を行った。音声刺激は練習試行とは異なる女性の声を「ウサギの声」としたものが呈示された。内容は「注文は　大きなボール」などであった。呈示はノート型コンピュータにより行い，「注文は」の後，少し間をおいてからターゲットとなる音声が呈示された。注文は全て「大きな」「小さな」のどちらかがオブジェクトの前についていた。テスト試行には実験条件と統制条件が設定され，実験条件はマインドリーディングが必要な課題，統制条件はマインドリーディングが必要ではない課題と考えられるものであった。例えば，Figure 3-1 の（c）の画像が呈示されたとき，音声刺激が「注文は小さなサイコロ」であれば，最も小さなサイコロはウサギには見えないものとされるため，参加者はウサギの意図を読み取り，中サイズのサイコロにタッチしなければならないという実験条件であったが，「注文は小さなハンバーガー」であれば，ハンバーガーは 2 つとも両者に見えているため，参加者はウサギの意図を読み取る必要は必ずしもなく，自分から見て小さなハンバーガーを選択すればよいという統制条件であった。

事後質問　テスト後は，「課題が難しかったですか」「攻略法を思いつきましたか」と口頭で尋ね，参加者が攻略法を思いついていれば，「どのような攻略法ですか」と質問を行った。そして，Figure 3-1 の（c）の画像を呈示しながら，「このとき，ウサギさんは，注文は小さなサイコロということを言ってきましたね。そのとき何か感じましたか」「このとき，ウサギさんは，注文は小さなハンバーガーと言うこともあったかと思います。そのときは何か感じましたか」と続けて質問をした。さらに Figure 3-1 の（d）を呈示しながら「最初，ウサギさんが注文を取るときに，こちらから見えないところからものを取ることがありましたね。そのときは何か感じましたか」と質問を行った。参加者は口頭で回答し，それを実験者が筆記記録した。

心の理解課題　心の理解課題は二次の誤った信念課題，うそと皮肉の区別，責任性の理解の 3 題を用いた。内容と評価基準については以下のとおりであった。それぞれの課題の具体的な内容は付録 1 に添付した。

二次の誤った信念課題　二次の誤った信念課題は「移動課題（Wimmer & Perner, 1983）の応用版（林，2002）」を用い，音声付きのアニメーションを使用した。参加児は，白紙に解答した。信念質問，現実質問，記憶質問の全問に正答することで，心の理解得点1点を与えた。

うそと皮肉の区別　うそと皮肉の区別の課題は子安他（1998）が，Winner & Leekam（1991）で用いられた課題を絵本形式にして実施したものを使用した。呈示はA3の用紙1枚に印刷して行い，参加児はその紙に解答を記入した。課題の内容は，2つのストーリーを読んでどちらがいやみ（皮肉）を言っているかを判断するものであった。参加児は，どちらがいやみであるかの選択を選択肢に丸をつけて解答し，その理由は記述で解答した。

この課題は，母親が兄弟に「遊びに行く前に部屋を片付けなさい」と言い，弟は片付けをするが，兄は片付けをしないというストーリーから成っている。そして，最後に，弟が「お兄ちゃんは大掃除をしたよ」というのだが，そのとき，母親は兄が片づけをしなかったことを知っていれば，それは皮肉となるが，知らなければ，それはうそとなる。同じ内容のことを言っていても，伝える相手の知識が異なれば，うそにも皮肉にもなりえることの理解を測るものであった。どちらのストーリーの登場人物が皮肉を言っているかを正答することで心の理解得点1点を与えた。理由づけの正答に関しては，上記のような内容が正しく解答できてあれば正答としたが，理由づけの質問に正しく解答できた参加児は極めて少数であったため，指標としては用いなかった。

責任性の理解　責任性の理解についての課題は子安他（1998）が，Mant & Perner（1988）の課題を絵本形式にして実施したものを用いた。呈示はA3判の用紙とA4判の用紙1枚ずつに印刷して行い，参加児はA4判の用紙に解答を記入した。課題の内容は2つのストーリーを読んで，どちらがよりよくないことをしたかを判断するものであった。参加児はどちらがよりよくないことをしたか，あるいはどちらも同じくらいよくないかの選択を，選択肢に丸をつけて解答し，その理由は記述で解答した。

この課題の1つのストーリーは，友人同士でプールに行く約束をしたのに1人が行かず，もう1人が待ちぼうけとなるというものであった。もう1つのストーリーは，友人同士でプールに行くという話になったが，1人が用事のため

に行けないので約束が成立しなかったものの，その用事がなくなったのでプールに行く。しかしながら，もう1人は相手の用事がなくなってプールに行っていることを知らないので，プールに行かず，プールに行った子どもが待ちぼうけになるというものであった。この課題は，相手がプールに行くことを知っているかいないかによって，発言に反する行動を取ることの責任の重さが変化することが重要であった。どちらがよりよくないか，どちらもおなじくらいよくないかの選択に正答することで心の理解得点1点をつけた。理由づけは，おおよそ上記の内容が書かれていれば正答としたが，「うそと皮肉の区別」の課題と同様，理由づけの質問に関しては無回答や誤答が非常に多かったため，指標としては用いなかった。

測度と分析方法　　まず，心の理解課題3題の得点により，小学生参加児を高群と低群に分けた。高群は，心の理解課題の全てに正答し，他者の心的状態の理解能力がより成人に近いと考えられる児童であり，低群は，心の理解課題に1つでも誤答があった児童であった。それにより，参加児を，児童‐低群，児童‐高群の2群に分けた。分析は，その2群に成人群を加えた3群の構成で行った。ディレクター課題は，先行研究にならい，オンラインのコミュニケーション能力を測定するために，誤答率と反応時間を指標とし，それぞれロールプレイ（あり・なし）×他者の心的状態の理解能力（児童‐低群，児童‐高群，成人）の二要因分散分析を行った。

3-2-3　結　果

心の理解課題

　小学生参加児に実施した心の理解課題の結果は，「二次の誤った信念課題」の得点を獲得した参加児が34名（74％），「うそと皮肉の区別」の得点を獲得した参加児が32名（70％），「責任性の理解」の得点を獲得した参加児が30名（65％）であった。これらの結果は同様の課題を行った子安他（1998）や，溝川・子安（2008）などと概ね同程度の正答率であった。3つの心の理解課題の合計得点が3点満点の参加児は21名（46％），2点の参加児は13名（28％），1点の参加児は6名（13％），0点の参加児は6名（13％）であった。「二次の誤った信念課題」と「うそと皮肉の区別」の得点の相関（$r = .47, p = .001$），

「二次の誤った信念課題」と「責任性の理解」の得点の相関（$r = .29, p = .048$），「うそと皮肉の区別」と「責任性の理解」の得点の相関（$r = .31, p = .036$）は全て有意であった。基準に従い，児童を低群と高群に分けたところ，それぞれのグループの学年の内訳は，心の理解高群が，5年生8名，4年生6名，3年生7名であり，心の理解低群が，5年生10名，4年生7名，3年生8名であった。なお，学年，ディレクター課題の誤答率，ディレクター課題の実験条件の正反応時間，心の理解得点における相関分析を行ったところ，学年と心の理解得点の間に有意な相関はなかった（$r = -.25, p = .089$）。有意な相関はディレクター課題の誤答率と心の理解得点のみに見られた（$r = -.54, p < .001$）。

ディレクター課題

ディレクター課題は，誤答率と正反応の反応時間（ミリ秒）を従属変数としてそれぞれ分析を行った。ディレクター課題の素点の満点は15点であり，小学生参加児における平均点は9.76点，SD は3.22点であり，成人参加者における平均点は14.33点，SD は0.98点であった。反応時間の分析は参加者が正答した試行のみを分析対象とした。反応時間は，オブジェクト名の音声呈示から参加者のタッチ反応までを測定した。例えば，「注文は大きなサイコロ」という音声刺激のとき，「サイコロ」の音声呈示開始時から参加者の反応までであった。なお，最終練習試行についても同様に音声呈示から参加者のタッチ反応までを測定した。ロールプレイあり群とロールプレイなし群のグループ分け，および心の理解得点によるグループ分けによる最終的なそれぞれの群の人数は，ロールプレイなし条件における児童-低群が15名，児童-高群が10名，成人群が20名であり，ロールプレイあり条件における児童-低群が10名，児童-高群が11名，成人群が20名であった。

テスト試行（実験条件）

Figure 3-2はテスト試行（実験条件）の群別誤答率を示したものである。テスト試行のうち実験条件15試行における参加者の誤答率について，ロールプレイ（あり・なし）×他者の心的状態の理解能力（児童-低群，児童-高群，成人）の二要因被験者間分散分析を行ったところ，ロールプレイの主効果（$F(1, 80) = 103.32, p < .001, \eta_p^2 = .56$）が有意であり，ロールプレイなし条件

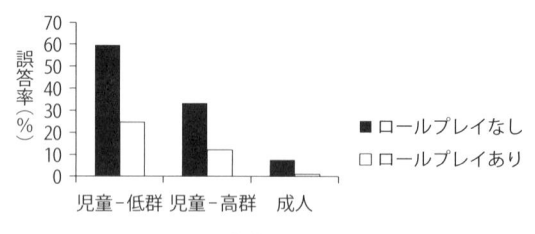

Figure 3-2. 誤答率の群別，条件別平均値

の方がロールプレイあり条件よりも誤答率が高かった。また，他者の心的状態の理解能力の主効果（$F(2, 80) = 130.30, p < .001, \eta_p^2 = .77$）が有意であり，Ryan法による多重比較の結果，誤答率は児童-低群，児童-高群，成人群の順に高かった（全て$p < .05$）。さらに交互作用が有意であった（$F(2, 80) = 18.96, p < .001, \eta_p^2 = .32$）ので，単純主効果の検定を行ったところ，児童-低群，児童-高群，成人群の全てにおいてロールプレイ要因の効果が有意であった（全て$p < .05$）。また，ロールプレイなし条件において児童-低群（$M = 59.56, SD = 11.12$），児童-高群（$M = 33.33, SD = 6.29$），成人群（$M = 7.67, SD = 7.58$）の順に誤答率が高く，同様にロールプレイあり条件において，児童-低群（$M = 24.67, SD = 17.51$），児童-高群（$M = 12.12, SD = 6.54$），成人群（$M = 1.33, SD = 3.49$）の順に誤答率が高かった（全ての群間において$p < .01$）。

Figure 3-3はディレクター課題の正反応時間を群別に示したものである。正反応時間について，ロールプレイ（あり・なし）×他者の心的状態の理解能力（児童-低群，児童-高群，成人群）の二要因分散分析を行ったところ，他者の心的状態の理解能力の主効果が有意であり（$F(2, 80) = 11.97, p < .001, \eta_p^2 = .23$），Ryan法による多重比較の結果，成人群は児童-高群，児童-低群のどちらよりも反応時間が速かった（ともに$p < .05$）。一方，ロールプレイの主効果は有意ではなかった（$F(1, 80) = 3.95, p = .053, \eta_p^2 = .05$）。また有意な交互作用も見られなかった（$F(2, 80) = 1.33, p = .281, \eta_p^2 = .03$）。成人を対象に行った研究1で見られた群間の反応時間の差が本実験においても成人で見られるかどうかを確認するため，単純主効果の検定を行った。その結果，成人群において群間の反応時間に有意な差が見られ，ロールプレイあり条

3-2 ロールプレイがマインドリーディングに及ぼす効果：児童　55

[Figure: 反応時間の群別，条件別平均を示す棒グラフ。縦軸は反応時間（ミリ秒）0〜1600。横軸は児童-低群，児童-高群，成人。黒はロールプレイなし，白はロールプレイあり。]

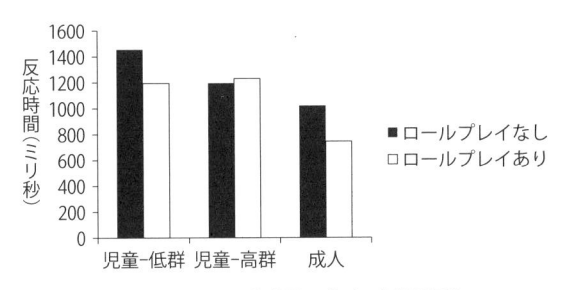

Figure 3-3．反応時間の群別，条件別平均

件（$M = 737.09, SD = 206.12$）の方がロールプレイなし条件（$M = 1019.14, SD = 428.60$）よりも反応時間が速かった（$p < .05$）。児童に関しては，心の理解低群におけるロールプレイあり条件（$M = 1193.03, SD = 485.47$）とロールプレイなし条件（$M = 1453.48, SD = 289.23$）の差，心の理解高群におけるロールプレイあり条件（$M = 1229.42, SD = 475.52$）とロールプレイなし条件（$M = 1194.60, SD = 415.91$）の差はともに有意ではなかった（n.s.）。

テスト試行（統制条件）　テスト試行のうち統制条件5試行における参加者の誤答率については，全参加者で誤答がほぼ見られなかったので分析結果の報告は割愛する。

テスト試行のうち統制条件5試行における参加者の正反応時間について，ロールプレイ（あり・なし）×他者の心的状態の理解能力（児童−低群，児童−高群，成人群）の二要因被験者間分散分析を行ったところ，他者の心的状態の理解能力の主効果が有意であり（$F(2, 80) = 33.89, p < .001, \eta_p^2 = .46$），Ryan法による多重比較の結果，成人群は児童の心の理解高群，低群のどちらよりも反応時間が速かった（ともに$p < .05$）。一方，ロールプレイの主効果は有意ではなかった（$F(1, 80) = .83, p = .36, \eta_p^2 = .01$）。また有意な交互作用も見られなかった（$F(2, 80) = .27, p = .77, \eta_p^2 = .01$）。

最終練習試行　タッチパネルを用いた課題への参加者の習熟度に個人差がないことを確認するため，練習試行の10試行目の反応時間について，ロールプレイ（あり・なし）×他者の心的状態の理解能力（児童−低群・児童−高群・成人群）の二要因被験者間分散分析を行ったところ，ロールプレイの主効果（$F(1, 80) = .00, p = .973, \eta_p^2 = .00$），他者の心的状態の理解能力の主効果

($F(2, 80) = 2.60, p = .081., \eta_p^2 = .06$），交互作用（$F(2, 80) = .06, p = .943, \eta_p^2 = .00$）の全て有意ではなかった。

課題後の質問　課題後の質問の回答について見ると，児童，成人ともにウサギについての言及のない参加者はいなかった。課題について難しいと答えた参加者は成人が40名中23名（57.5%），児童が46名中12名（26%）であった。

3-2-4　考　察

まず，仮説a「児童期においてもロールプレイはマインドリーディングに影響を及ぼすため，成人と同様にロールプレイなし条件はロールプレイあり条件よりも誤答率が高い」について検討する。テスト試行では，正答のためにマインドリーディングが必要となる実験条件において，ロールプレイなし条件はロールプレイあり条件よりも有意に誤答が多いという結果であった。これは仮説を支持するものであった。この結果は研究1と一貫するものであり，先行研究で見られたロールプレイの効果を児童期でも明らかにすることができたといえる。ロールプレイあり群とロールプレイなし群の違いは，実際にコミュニケーションを体験したか，説明を聞いただけかという点である。ロールプレイあり群の参加者は，自分からの「注文を伝える」という働きかけを行うものの，ウサギとの心的状態のズレから，相手に自分が思ったものと違うものを取られてしまうという経験をした。一方で，ロールプレイなし群の参加者は，同じアニメーションを見ても，自分の体験としては意識することができず，心的状態のズレを強く意識することが困難であったかもしれない。本研究におけるロールプレイあり群のロールプレイの内容は全員同じであったため，ロールプレイのときにどのような経験をすることが重要であるかを検討することは今後の課題である。

次に，仮説b「ディレクター課題は，従来の心の理解課題と同様の能力を測定しているため，心の理解課題の成績がよい児童ほどディレクター課題の誤答率が低い」について検討する。テスト試行の実験条件において，誤答率は児童の心の理解低群，高群，成人の順に高かった。さらに，誤答率と心の理解課題の成績に相関が見られた。これは仮説を支持するものであった。この結果から，ディレクター課題を用いた成人におけるマインドリーディング研究と，従来の

課題を用いて児童期を中心にされてきたマインドリーディング研究をつなぐことができたと考えられる。また，仮説 c「心の理解課題の全てに通過した児童であっても成人に比べると誤答率が高い」についても上記の結果から支持された。この結果から，従来の心の理解課題を通過した後も，マインドリーディング能力は発達を続けるということが示唆された。これは Dumontheil et al.（2010）の結果とも一致する。

仮説 d「心の理解課題の成績が低い児童は，心の理解課題の成績が高い児童よりもマインドリーディング能力が未発達なため，ロールプレイの影響は強く表れる」についてであるが，誤答率に関するロールプレイ要因と他者の心的状態の理解能力要因の間の交互作用から検討することが可能である。下位検定の結果，ロールプレイ要因によって群を分けても，他者の心的状態の理解能力要因によって群を分けても，全ての群で単純主効果が見られた。この結果の解釈であるが，まず心の理解低群，高群，成人の全ての群でロールプレイなし条件がロールプレイあり条件よりも誤答率が高いため，ロールプレイにマインドリーディングを向上させる効果があったと考えられる。また，ロールプレイなし条件においてもロールプレイあり条件においても心の理解低群，高群，成人の順で誤答率が高いが，ロールプレイなし条件における 3 群の差よりロールプレイあり条件における 3 群の差の方が小さくなっていると解釈することもできる。これらをまとめると，ロールプレイは心の理解能力に関係なくマインドリーディングに影響を持ち，ロールプレイを行わない場合のマインドリーディングの能力の差を縮小するものと考えられる。従って，仮説を一部支持する結果を得ることができたと考えられる。

反応時間については，成人においてロールプレイあり条件はロールプレイなし条件よりも反応時間が速いという結果であった。一方で，児童では反応時間に有意な差は見られなかった。その理由として考えられるのは，児童では反応時間が短いものの誤答であるというものが多い一方，成人では反応時間と正確さが両立しているということである。成人と児童の間の誤答の数の差が非常に大きいため，誤答の反応時間の差は分析対象外としたが，ローデータを見ると，児童の誤答は反応時間が速く，成人の誤答は反応時間が長い傾向がある。これは Surtees et al.（2011）でも同様の傾向が示唆されているが，統計的な分析は

されていない。また，彼らは子どもでは誤反応を引き起こすような要因が，成人では正確だがゆっくりな反応を引き起こしているかもしれないと考察している。本研究では正反応時間のみを分析しているため，正確性を無視して速さを重視するという方略でも，反応時間は「速い」という結果として現れてしまうものであった。また，ロールプレイによる影響は，まず誤答率に現れ，反応時間の向上は，その後に現れるものであるという可能性が考えられる。また，課題前の最終練習試行における反応時間には群間の差が見られなかったことから，これらはタッチ能力や，音声刺激に反応する能力の差ではなく，コミュニケーションという文脈による差であるということを示唆するものである。

　本研究では，ロールプレイのどのような側面がマインドリーディングに影響を及ぼしたかは未確認である。ロールプレイあり群への教示では，店長の「役を行う」ということ，また，演じるということが強調して伝えられた。そして，店長バッジを身につけ，注文書を実際に受け取り，相手に口頭で伝えるということを行った。また，課題後の内観報告において，うまく演技しようとしたという内容を報告するロールプレイあり群の参加児もいた。考えられる可能性としては「役を演じる」ことが重要であり，演じる内容は特に関係がないというものがある。一方で，ロールプレイあり群の参加児の内観報告には，ウサギに間違えられていやな気持ちになったというような内容のものもあった。考えられる他の可能性としては，「相手に間違われることにより喚起されるネガティブ情動」が重要であり，相手が間違えなければ効果は見られないというものが挙げられる。さらに，本研究でのロールプレイは課題に密接に関連するものであったため，課題とは無関連なロールプレイでも効果があるのかは未検討である。

　本研究では，児童期におけるロールプレイがマインドリーディングに及ぼす影響を明らかにした。一般的に，「体で覚える」という言葉があるように，経験，体験することは知識や，適切な行動の獲得のために重要であると考えられている。また，ソーシャルスキルトレーニングや職業訓練場面など，さまざまな訓練場面でロールプレイは用いられている（瀧・柴山，2008; 村井他，2011など）。さらに，自閉スペクトラム症などの発達障害者に対してのサポート技法としても考案されている（須藤，2011; 武藏他，2010など）。しかしながら，

これまではロールプレイに関する研究は事例研究がほとんどであった。本研究は，ロールプレイの効果を実験的研究によって明らかにしたという点で，新たな知見をもたらすものである。

一方で，本研究ではロールプレイの効果がマインドリーディングの発達の程度によって異なることがわかったが，ロールプレイのメカニズムや，マインドリーディングのプロセスにおいてどのようにロールプレイが影響を持ったかといった詳細については明らかにすることができなかった。今後は，ロールプレイのメカニズムさらに深く検討することが必要である。これらを検討していくことによって，本研究で明らかとなったロールプレイがマインドリーディングに与える効果を教育場面，臨床場面などに広く応用していく可能性が高まると考えられる。本研究はそのための重要な足がかりである。

3-3　成人期の研究と児童期の研究のまとめ

前章と本章では，特殊的な状況における一般的な他者の心を読み取るマインドリーディング能力について，およびロールプレイがマインドリーディングに及ぼすポジティブな効果について成人を対象とした実験，児童を対象とした実験で明らかにしてきた。マインドリーディングに関しては，多くの研究が示してきたように成人であっても完全であるとは言えなかった（Dumontheil et al., 2010）。また，マインドリーディングを測定する新たなツールとして開発されたディレクター課題は，伝統的に児童期を対象に用いられてきた心の理解課題と関連があることがわかった。ディレクター課題は，従来の他者の心の理解に関する課題と同じような能力を測っているということがわかったのである。ロールプレイの効果は，成人であっても児童であっても見られ，児童に関してはもともとの他者の心の理解能力が低いほど大きな効果が見られた。これら2つの研究で取り上げたのは特殊的な状況という一部分である。次章以降で，一般的な状況における特殊的な他者の心の理解を調べた研究について述べる。

第4章　研究3：ロールプレイで高める特殊な他者の心の理解（成人）

4-1　特殊な他者の心の理解研究の意義

　これまでのマインドリーディング研究では，一般的にストーリーを呈示し，登場人物の心的状態を認知，情動などの側面から推測させる課題が用いられてきた。その多くの課題では，心的状態を推測する相手となる登場人物の情報についてはほとんどなく，従って，「普通に考えるとこうであろう」「自分が同じ立場であったらこうであろう」という方略で解答することができた。しかしながら，日常生活においては，同じ状況において全員がおなじ心的状態を抱くとは限らない。例えば，メロンが好きな人とメロンが嫌いな人とでは，プレゼントにメロンをもらったときに抱く感情は違うだろうし，寒さに強い人と弱い人では，同じ気温の場所にいたとしても異なる心的状態である可能性がある。

　本来，心の理論をはじめとするマインドリーディング研究は，おなじものを見ても異なる心的状態を抱く他者の心を理解する能力について言及したものであったが，一方で前述したように，取り上げているのは一般的な他者のみである。そこで，全くおなじ状況であっても他者によって異なる心的状態を抱くという場面におけるマインドリーディングについて検討することは，日常生活におけるマインドリーディングを考えるためには非常に意義があると考えられる。

4-2　ディレクター課題（色）の概要

　そこで，本研究では，2章，3章で用いてきたディレクター課題をさらに改良することで，同じ状況であっても他者ごとに異なる認知を行っているという場面を仮想的に作り上げた。具体的には，もともとのディレクター課題から遮蔽を全て取払い，全部のスロットが筒抜けとなるようにした。そして，登場人

物をサルとイヌの2人にし，サルを通常色覚の他者，イヌを制限された色覚の他者とした。ここで，色覚に着目したのは，視覚的にわかりやすくディレクター課題と相性がよかったことに加えて色覚におけるバリアフリーなコミュニケーションの検討が重要であるためである。現実場面においても色覚異常者は日本では男性の約5％，女性の約0.2％がおり，色覚のバリアフリーに関しての意識は低く，色に関する判断が増加している今日，色覚のバリアフリーなコミュニケーションの検討は重要である（岡部・伊藤，2002）。色覚異常者は日常生活では特に問題はないのだが，識別しにくい色を持っており，空間をデザインしたり，視覚による情報のやりとりをしたりする際には配慮が必要となる。このように色覚異常を取り上げ，彼らとのコミュニケーションへのヒントを本研究によって得ることは，社会的にも大きな意義があると考えられる。本研究では，研究1（第2章），研究2（第3章）で用いたディレクター課題を改良して，色覚の異なる他者からの指示が行われるディレクター課題を作成した。以後，研究1，2で用いた遮蔽により自他の心的状態のずれを作成するディレクター課題を「ディレクター課題（遮蔽）」と呼称し，本研究から用いる色覚により自他の心的状態のずれを作成するディレクター課題を「ディレクター課題（色）」と呼称する。ディレクター課題（色）の利点としては，研究1，2で用いてきたディレクター課題（遮蔽）がしばしば指摘される「単なる視点取得ではないのか」「メンタルローテーションの能力で解けるのではないか」といった点を解決していることも挙げられる。

4-3 ロールプレイがマインドリーディングに及ぼす効果：成人

4-3-1 問　題

研究1において，成人において，他者の役割を演じるロールプレイが，マインドリーディングを活性化させることを明らかとなった。研究1では，Dumontheil et al.（2010）のディレクター課題を修正し，参加者を，課題を行う前に，ディレクターの役を行うロールプレイあり群，視覚的体験はおなじながらもディレクターの役は行わないロールプレイなし群の2群に分け，ロールプレイの効果を実験的に調べ，その結果，ロールプレイあり群の方がロールプレイな

し群よりも誤答率が低く，反応時間が速いということが示された。

　成人のマインドリーディング研究では，Keysar et al.（2000）をもとにした課題をはじめ，さまざまな難易度の高い課題が作成されてきた。しかしながら，これらの課題で使用された高度なマインドリーディングが必要となる場面は，状況が引き起こすものであり，他者の心的状態の推測を，自己の経験をもとに行うことが可能なものであった。また，従来幼児期，児童期で用いられてきた誤った信念課題も同様に状況が心的状態のずれを作り出しているものである。例えば，サリーの不在時にアンが対象物を移動させてしまうサリーとアンの課題（Baron-Cohen et al., 1985）では，「サリーがその場を離れる」という状況が，心的状態のずれ（誤った信念）を引き起こしており，それはサリー自身に帰属されるものではない。さらに，特にサリーについての特徴が示されてはいないため，暗黙のうちに課題を解くときには，「自分がサリーとおなじ状況であれば，こうだろう」ということを手掛かりにすることができる。つまり，サリーは自分とおなじ認知スタイルであるという仮定のもとに参加者は解答することができるのである。しかしながら，近年の研究では，人は自己と同じ認知スタイルの他者の心的状態の推測は容易に行えるが，異なる認知スタイルの他者の心的状態の推測はより困難であるということが，物語読解の観点から外向性と内向性の違い（Komeda, Kawasaki, Tsunemi, & Kusumi, 2009）や，定型発達者と自閉スペクトラム症者の違い（Komeda, Kosaka, Saito, Inohara, Munesue, Ishitobi, Sato, & Okazawa, 2013）から指摘されている。

　そこで，本研究では，高度なマインドリーディングが必要となる場面を，コミュニケーション相手が自己と異なる色知覚を有しており，異なる認知スタイルを持っているという状況を作成し，自己が経験したことのないような知覚の相手の心を推測するという場面を設定し，そのような相手の知覚をロールプレイで体験することがマインドリーディングに与える影響を検討する。

　大多数の人々が体験したことのない知覚の1つとして，先天赤緑色覚異常の知覚が挙げられる。先天赤緑色覚異常は，伴性劣性遺伝によって引き起こされると言われている。そのため，その発現は男性に多く見られ，人種によって差が見られるものの，男性の約4〜8％が先天赤緑色覚異常と言われている（Birch, 2012）。先天赤緑色覚異常であることによる日常生活への影響はほぼな

いが，正常色覚者との間に色の心的表象の違いが存在するということが指摘されている（Shepard & Cooper, 1992）。一方で，強度の色覚異常者であれば，信号機の赤色と黄色の判別は困難であり，その位置の記憶に頼るしかなく，また教育場面においても板書やパワーポイントスライド資料などにおいて明度が低い似通った色は判別しにくく，配慮が必要である（岡部・伊藤, 2002）。コミュニケーションの場面においても，色の同定には精神的苦痛を伴うこともあり，今後のサポート体制の充実が必要であることも指摘されている（岡部・伊藤, 2002）。

本研究では，実際の色覚異常の知覚を直接は取り上げないが，正常色覚とは異なる色知覚である他者を擬似的に設定する。さらに制限された色覚の状態を仮想的に作成し，その状態でロールプレイを行うことが，制限された色覚を有する他者のマインドリーディングにどのような影響を及ぼすかを実験的に検討する。

ロールプレイが制限された色覚を持つ他者のマインドリーディングに及ぼす影響について，事前にロールプレイを体験する「ロールプレイあり群」とロールプレイなしの練習を行う「ロールプレイなし群」を構成する。ロールプレイによって相手の役割を経験することで，制限された色覚を有する他者がどのような意図を持っているかを適切に判断し，反応することができるという仮説を検証する。具体的には以下の2つの仮説である。

（仮説 a）コミュニケーション相手が制限された色覚である場合と自己と同じ色覚の場合とのディレクター課題の成績の差は，ロールプレイあり群の方がロールプレイなし群よりも小さい。

（仮説 b）ロールプレイあり群は，ロールプレイなし群よりも制限された色覚の他者がコミュニケーション相手の場合のディレクター課題の反応時間が速い。

4-3-2 方　法

実験計画

ロールプレイ2（参加者間要因; あり・なし）×コミュニケーション相手2

（参加者内要因：自己と同じ色覚条件，制限された色覚条件）の混合デザインであった。

実験参加者

　正常色覚者である大学生・大学院生40名（平均年齢21.5歳，男性20名，女性20名）が実験に参加した。参加者をランダムにロールプレイあり群（平均年齢21.2歳，男性10名，女性10名）とロールプレイなし群（平均年齢21.9歳，男性10名，女性10名）に割り付けた。実験は，個人用のブース形式の心理学実験室で行われ，事前に必要なインフォームドコンセントを取って実施した。

ディレクター課題

　ディレクター課題では2台のノート型コンピュータを用いて実験を行った。参加者への説明，ロールプレイあり教示およびロールプレイなし教示において，説明の画像はノート型コンピュータ（SONY VAIO VPCEA1AFJ）を用いて呈示された。練習試行（10試行）とテスト試行（40試行）ではタッチパネル搭載のノート型コンピュータ（FUJITSU LIFEBOOK AH/R3）で画像を呈示した。画像はAdobe Photoshopで作成，編集された。音声はICレコーダ（Sony ICD-SX850）を用いて録音された。参加者への説明とロールプレイあり教示，ロールプレイなし教示の材料作成と呈示はMicrosoft PowerPoint 2007を用いた。テスト刺激のプログラムはSuper lab 4.0で作成し呈示した。ロールプレイにおいては，注文書をA4判用紙で呈示した。使用した画像刺激の一部をFigure 4-1に示した。

　実験者はまず参加者に，「なんでもやさんゲーム」を行うことを伝えた。ゲームのルールとしては，店長役と店員役がおり，店長が店員に注文を伝え，注文されたオブジェクトを店員が棚の中から取り出すということ，ゲームに参加するのは，参加者，サル，イヌであることが参加者に説明された。さらに，サルは人と同じ色覚であるが，イヌは人とは異なり，制限された色覚を有しているということを，例（Figure 4-1の（a）と（b）など）を用いて説明した（ディレクター課題（遮蔽）とは異なり，画像の棚は全て筒抜けであった）。例えば，イヌには赤色が黄色に見え，紫色が青色に見えるというものであった。このとき，参加者が正常色覚者であることの確認のため，参加者視点の画像呈示中に色の見え方を確認した。その後，ロールプレイあり群にはロールプレイ

66　第4章　研究3：ロールプレイで高める特殊な他者の心の理解（成人）

(a) 例示刺激（参加者視点）　　(b) 例示刺激（イヌ視点）

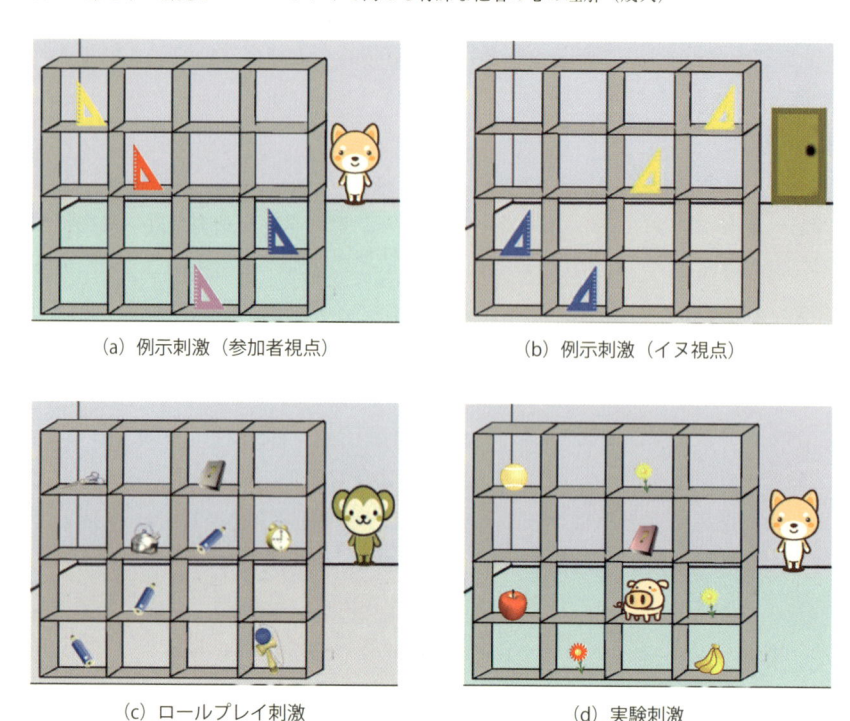

(c) ロールプレイ刺激　　(d) 実験刺激

Figure 4-1．研究4のディレクター課題で用いた刺激例

を用いた教示を行い，ロールプレイなし群にはロールプレイを用いない教示を行った。

　ロールプレイあり教示では，参加者が「イヌ店長」の役を行うということが説明され，実験者が手渡す注文書（A4判用紙に「注文は〇〇」と記載されていた）に書かれている注文を店員役であるサルに伝えるように教示した。注文は全部で5つであり，全ての注文は場所（上の，下の）か大きさ（大きな，小さな）と色（青い，黄色い），オブジェクト名の情報を含むものであった。このとき，参加者はイヌ店長の役であるため，画像はイヌの色覚に合わせて作成された，色数の少ないものであった（Figure 4-1の（c）参照）。サルの反応は，関連する先行研究に合わせ，3つ目のみ正しいものであり，他は，全て誤答であった。5つの注文後，参加者にサルは参加者が注文書を見て思ったものとおなじものを取っていたかが尋ねられ，全ての参加者から「取っていな

かった」というような回答を得た。

　ロールプレイなし教示では，参加者はロールプレイあり教示とおなじ画像，おなじアニメーションを見たが，それらは全て実験者による教示に合わせて呈示され，参加者は特に能動的な行動は行わなかった。

　これらの教示の後は，両群ともに同じ手続きで実験を行った。参加者には次は参加者が「店員」，サルとイヌが「店長」であるということが伝えられ，サルは人と同じ色覚，イヌは人とは異なり，制限された色覚を有していることが再度強調された。また，イヌが相手の場合は，色覚が異なるため，イヌがどれを取ってほしいと思っているかということをよく考えてオブジェクトを取るように伝えられた（教示は付録3参照）。

　練習試行では，4×4の棚のどこかに飛行機とパトカーが置かれている画像の呈示と同時に女性の声による「飛行機」，もしくは「パトカー」の音声が呈示された。参加者には音声が流れた方のオブジェクトをタッチすることが求められた。練習試行は5試行が2セット行われ，最初の5試行の後，実験者によりタッチの仕方に対するフィードバックがあり，その後に残りの5試行が行われた。練習試行は参加者がタッチによる反応に慣れるために行われ，実験者によるフィードバック後にはほとんどタッチミスは見られなかった。なお，練習試行では参加者の正答によってのみ次の試行が始まった。

　練習試行の後，店長役が自己と同じ通常色覚（サル）条件が20試行，店長役が制限された色覚（イヌ）条件が20試行，計40試行のテスト試行が行われた。テスト試行は条件ごとに10試行ずつブロック化された。自己と同じ色覚条件のブロックと制限された色覚条件のブロックは交互に呈示され，どちらの条件から先に行うかは，参加者間でカウンタバランスされた。テスト試行で用いられた画像刺激は，4×4の16のスロットに分かれた棚にオブジェクトが8つ置かれているというものであった。オブジェクト群は青色のもの2つ，紫色のもの1つの組み合わせか，黄色のもの2つ，赤色のもの1つの組み合わせのオブジェクト群と5つの無関連なオブジェクトで構成されていた（Figure 4-1の（c）参照）。音声刺激は練習試行とは異なる女性の声を「サルの声」，男性の声を「イヌの声」としたものが呈示された。内容は「注文は　上の　青い鉛筆」などであった。呈示はノート型コンピュータにより行った。本研究では，

成人が対象のため，難易度を研究1と揃えるために，注文における上下の概念を再度採用し，注文は全て場所（上の，下の）か大きさ（大きな，小さな）と色（青い，黄色い）がオブジェクトの前についていた。また，サル条件とイヌ条件で呈示される棚の中身，および注文の内容は完全に対応していた。

テスト試行には制限された色覚を有する他者のマインドリーディングを必ずしも必要としない課題が含まれていた。例えば，Figure 4-1 の（d）の画像が呈示されたとき，音声刺激が「注文は下の黄色い花」であれば，最も下の黄色い花は参加者からは下から2段目のものであるが，制限された色覚を有するイヌには，1番下の段の赤い花も黄色い花に見えているため，参加者はそちらをタッチしなければならない。これはマインドリーディングが必要な課題である。一方，同じ画像であっても，音声刺激が「注文は上の黄色い花」であれば，1番上の段にある黄色い花が，参加者から見ても，制限された色覚を有するイヌから見ても，最も上の黄色い花と考えられる。そのため，参加者はイヌの意図を読み取る必要は必ずしもなく，自分から見て上の黄色い花に当てはまるオブジェクトを選択すればよいというものであった。このようなマインドリーディングを必ずしも必要としない試行については，誤答が多い参加者を分析対象外とする目的で設定されたが，全参加者において，2試行以上誤答であった参加者はいないため，全参加者を分析対象とした。よって，これらのマインドリーディングを必ずしも必要としない試行に関しては，分析対象外とした。

テスト後は，実験者から，課題の難易度はどうであったか，方略を思いついたか，方略を思いついていればどのようなものであったか，絵を見せながら，テスト中何か感じたかということが口頭により質問され，参加者の回答を，実験者が筆記記録した。

4-3-3 結　果

誤答率

テスト試行　テスト試行のうち必ずしも色覚の異なる他者のマインドリーディングを必要としない試行を除いた32試行におけるそれぞれの群，条件の誤答率を Figure 4-2 に示した。これらの結果についてロールプレイ（あり・なし）×コミュニケーション相手（自己と同じ色覚，制限された色覚）の分散

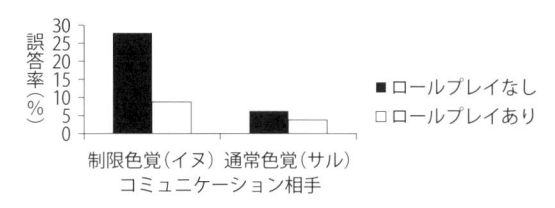

Figure 4-2. 誤答率の群別，条件別平均

分析を行ったところ，ロールプレイの主効果（$F(1, 38) = 15.03, p < .001, \eta_p^2 = .28$），コミュニケーション相手の主効果（$F(1, 38) = 18.84, p < .001, \eta_p^2 = .33$），交互作用（$F(1, 38) = 7.33, p = .01, \eta_p^2 = .16$）が有意であった。

単純主効果の検定を行ったところ，ロールプレイなし群において，コミュニケーション相手の効果があり，制限された色覚条件（$M = 27.81, SD = 22.49$）の方が自己と同じ色覚条件（$M = 6.25, SD = 5.23$）よりも誤答率が高かった（$t(19) = 3.85, p < .01, r = .66$）が，ロールプレイあり群においては，コミュニケーション相手が制限された色覚条件（$M = 8.75, SD = 8.48$）であっても自己と同じ色覚条件（$M = 3.75, SD = 6.67$）であっても差は見られなかった（$t(19) = 2.03, p = .057, r = .42$）。

反応時間

ディレクター課題において，指示音声の終了後から参加者が画面をタッチするまでの時間を反応時間として記録した。反応時間の分析は参加者が正答した試行のみを全て分析対象とした。

最終練習試行　参加者がテスト試行を始める直前のタッチ操作による反応時間の差を検討するため，練習試行の2セット目の最後の練習試行の反応時間について t 検定を行ったところ，群間の差は見られなかった（$t(38) = -.69, p = .497, r = .11$）。従って，タッチ操作による反応時間の差について2群は等質であった。

テスト試行　テスト試行のうち必ずしも色覚の異なる他者のマインドリーディングを必要としない試行を除いた32試行におけるそれぞれの群，条件の反応時間を Figure 4-3 に示した。これらの結果について，ロールプレイ（あり・なし）×コミュニケーション相手（自己と同じ色覚，制限された色覚）の

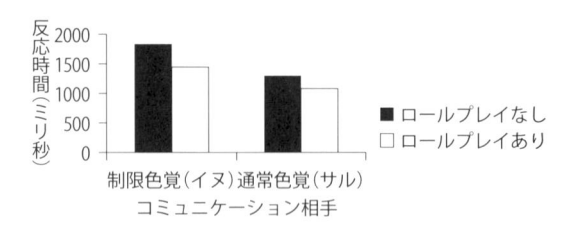

Figure 4-3. 反応時間の群別，条件別平均

分散分析を行ったところ，ロールプレイの主効果（$F(1,38) = 4.41, p = .042, \eta_p^2 = .10$）とコミュニケーション相手の主効果（$F(1, 38) = 37.92, p < .001, \eta_p^2 = .50$）が有意であった。反応時間は，ロールプレイあり群（$M = 1282.15, SD = 446.03$）に比べロールプレイなし群（$M = 1565.30, SD = 616.03$）の方が長かった。また，自己と同じ色覚条件（$M = 1188.73, SD = 372.76$）に比べ制限された色覚条件（$M = 1638.72, SD = 638.64$）の方が長かった。交互作用は有意ではなかった（$F(1, 38) = 1.36, p = .251, \eta_p^2 = .04$）。

4-3-4 考　察

テスト試行では，ロールプレイなし群においてコミュニケーション相手による成績の差が見られたのに対し，ロールプレイあり群においてはそのような差が見られなかった。この結果は仮説 a「コミュニケーション相手が制限された色覚である場合と自己と同じ色覚の場合とのディレクター課題の成績の差は，ロールプレイあり群のほうがロールプレイなし群よりも小さい」を支持するものであった。また，反応時間については，コミュニケーション相手の色覚が自己とおなじであっても異なっていてもロールプレイなし群の方がロールプレイあり群よりも時間がかかっていた。これは，仮説 b「ロールプレイあり群は，ロールプレイなし群よりも制限された他者が相手の場合のディレクター課題の反応時間が速い」を一部支持するものであった。

誤答率の結果に関しては，予測通りの結果が得られ，研究 1 で見られたロールプレイの効果を再現することができたと考えられる。本研究では，色覚の異なる他者の知覚に関する説明はロールプレイあり群，ロールプレイなし群ともに受けており，視覚的に体験した画像は同じであった。しかしながらロールプ

レイあり群では，自分が普段とは異なる色覚状態で，正常色覚の相手と色手掛かりを用いたコミュニケーションを行い，相手は自分が考えているものとは異なるオブジェクトを取り出すという状況を経験し，心的状態のズレを直接体験した。すなわち知識だけではなく，実際に体験することでロールプレイあり群のマインドリーディング能力が活性化されたと考えられる。

　反応時間の結果については，交互作用が見られず，コミュニケーション相手の色覚に関わらず，ロールプレイなし群の方がロールプレイあり群よりも時間がかかっていた。これまでのロールプレイの効果の実験的研究では，成人においては，自他の心的状態にずれがある場合においてのみロールプレイあり群とロールプレイなし群の間に反応時間の差があり，自他の心的状態にずれがない状態では反応時間に差は現れていない。本研究においては，自他の心的状態のずれの有無に関わらず，ロールプレイあり群とロールプレイなし群の間に差が現れた。考えられる原因としては，本研究ではコミュニケーション相手が10試行ごとに変化するブロック制を採用したということである。ブロック制の条件では，コミュニケーション相手が切り替わったときに，他者の心的状態の推測の方法を変更する必要があった。これはロールプレイなし群の20名中7名の参加者から「イヌ店長の後のサル店長のときが難しかった」というような内観報告を得ていることからも示唆される。ロールプレイあり群においては，相手に応じて適切な行動を取るという能力も活性化されという可能性がある。しかしながら，本研究では相手によって行動を変化させる能力を十分に検討することができなかったため，今後さらなる研究が必要であるだろう。

　これらの結果から，ロールプレイは自己と異なる知覚を行う他者の理解にポジティブな影響を与えることが示唆された。ヒトは他者の心を推測する場合，単純な状況では自動的に他者の視点を取得する（Samson et al., 2010）が，複雑な状況ではまず自己中心的な反応をしてしまい，それを抑制して他者の心的状態を推測する（Keysar et al., 2000; Lin et al., 2010; Surtees et al., 2012）と考えられている。また，近年では日常生活では「自発的な」他者の心的状態の推測が重要であるという指摘もされている（Senju, 2012）。しかしながら，これらは全て他者が自己とおなじ知覚を持ち，おなじ認知スタイルを持って，おなじように行動するという前提がある。一方で，これまでの研究で認知スタイル

にはさまざまな形があるということがわかっている。例えば，異なる文化（Oyserman & Lee, 2008）や定型発達者か自閉スペクトラム症者か（Happé, 1999）によって認知スタイルが異なっているということが指摘されている。本研究では特に色覚が異なることによる異なる認知スタイルが引き起こす心的状態のずれをロールプレイが低減することを示すことができた。これは例えば障害によって異なる認知スタイルを持っている他者の理解，つまり障害者理解の手段としてのロールプレイの効果に示唆を与えるものであり，教育的にも意義のあるものと考えられる。

　本研究では自己と他者が異なる心的状態であるという状態を，状況ではなく他者自身によるものとする課題を作成し，その課題のパフォーマンスがロールプレイによって影響を受けることの検証に成功した。これまで心の理論研究で用いられてきた大多数の課題は，自他の心的状態の違いを状況設定により作り出してきた。例えば，「登場人物Aが見ていない状況で登場人物Bがオブジェクトの場所を移動する」（Baron-Cohen et al., 1985）や，「Aは箱の中身を知っているがBは箱の中身を知らない」（Perner, Frith, Leslie, & Leekam, 1989）などがそれに当たる。それに対し，本研究では全くおなじものを見ていても，自分とは異なる知覚を行っている相手の心を推測する能力を取り上げた。その結果，そのような他者の心を読むことは，経験のない状態では困難であるが，少しのロールプレイで改善されることが示された。新たな課題の開発，およびロールプレイに関する新たな知見はマインドリーディング研究，さらに障害者理解，教育に対して新たな示唆を与えるものであると考えられる。

第 5 章　研究 4：ロールプレイで高める
　　　　　特殊な他者の心の理解（児童）

5-1　児童期の特殊な他者の心の理解とロールプレイ研究の意義

　研究2では，成人でも児童でも特殊的な状況における一般的な他者の心の読み取りに対してロールプレイがポジティブな効果を示すことがわかった。さらに，ロールプレイの効果は，他者の心の理解が未発達なほど大きいということがわかった。研究3では，新たな課題を作成することにより，一般的な状況における特殊的な他者の心の読み取りに，ロールプレイがポジティブな影響を及ぼすことを，成人期において示すことができた。児童期では，成人期とは異なり，さまざまな他者の心の理解に関する課題を用いることができるため，研究3で作成した特殊的な他者の心を読み取る課題と，伝統的に用いられてきた他者の心の理解に関する課題との関連を調べることで，特殊的な他者の心を読み取るという新しい形の課題の位置づけを検討することができると考えられる。そのため，児童期において，特殊的な他者のロールプレイが特殊的な他者の心の理解に及ぼす効果を調べる研究は意義深いと考えられる。

5-2　ロールプレイがマインドリーディングに及ぼす効果：児童

5-2-1　問　題

　多くの先行研究では誤った信念課題を用いて子どものマインドリーディング能力を調べてきた（Baron-Cohen et al., 1985; Perner et al., 1989; Wimmer & Perner, 1983）。例えばさまざまな研究で用いられているサリーとアンの課題（Baron-Cohen et al., 1985）では，子ども達は，潜在的にサリーもアンも自分たちとおなじ知覚，認知を行うと考えて解答すると考えられる。しかしながら，近年の研究では，成人であっても自己と似ていない他者の心の読み取りは，自

己と似ている他者の心の読み取りよりも困難であることがわかっている（Komeda et al., 2009, 2013）。Komeda et al.（2009）は，参加者に物語を読ませて，主人公の感情を評定させた。その結果，外向的な参加者は主人公が外向的な時に評定がより正確であった。Komeda et al.（2013）では，自閉スペクトラム症の参加者は自閉スペクトラム症者が主人公の物語の方が，定型発達者が主人公の物語よりも文の再認成績がよいということがわかった。これらの結果から，一般的に自己と似ていない他者の心の読み取りは，自己と似ている他者の心の読み取りよりも困難であるということが示唆されている。

本研究では，特殊的な他者の心の読み取りにロールプレイが及ぼす効果を調べた研究3において得られた，特殊的な他者のロールプレイは特殊的な他者の心の理解にポジティブな影響を及ぼすという結果が児童期においても見られるのかどうかを検討する。また，研究2と同様に他の伝統的な他者の心の理解に関する課題との関連を検討することで，研究3で開発した色のディレクター課題が，マインドリーディング研究で用いられる課題群の中でどこに位置するのか，また他者の心の理解能力とロールプレイの効果との関連は特殊的な他者のマインドリーディングにおいてどのように見られるのかを検討することを目的とした。

ロールプレイが制限された色覚を持つ他者のマインドリーディングに及ぼす影響について，事前にロールプレイを体験する「ロールプレイあり群」とロールプレイなしの練習を行う「ロールプレイなし群」を構成する。ロールプレイによって相手の役割を経験することで，制限された色覚を有する他者がどのような意図を持っているかを適切に判断し，反応することができるという仮説を検証する。具体的には以下の2つの仮説である。

（仮説a）コミュニケーション相手が制限された色覚である場合と自己と同じ色覚の場合とのディレクター課題の成績の差は，ロールプレイあり群の方がロールプレイなし群よりも小さい。

（仮説b）伝統的な他者の心の理解を測定する課題である二次の誤った信念課題を通過した参加児は，通過しなかった参加児よりもディレクター課題の成績がよい。

5-2-2 方　法

実験計画

　ロールプレイ2（参加者間要因;あり・なし）×コミュニケーション相手2（参加者内要因;自己と同じ色覚条件，制限された色覚条件）×二次の誤った信念課題2（通過，未通過）の混合デザインであった。

実験参加者

　正常色覚者である41名の小学3年生，4年生，5年生の児童（平均年齢9.37歳，男児20名，女児21名）が実験に参加した。参加児をランダムにロールプレイあり群（平均年齢9.23歳，男児9名，女児12名）とロールプレイなし群（平均年齢9.50歳，男児11名，女児9名）に割り付けた。実験は，児童館の図書室で行われ，事前に必要なインフォームドコンセントを保護者と児童館の先生から得た上で実施した。

色のなかまテスト

　参加児が正常色覚者であることを確認するために，色のなかまテスト（金子，1995）を全ての参加児に実施した。色のなかまテストは，一般的に色覚異常の診断に用いられる石原式色覚異常検査表に比べて簡便であり，また日常生活で問題となる色をターゲットとして検査することができる検査である。検査では，Figure 5-1のような検査紙を呈示し，似ている色が縦に並んでいるか横に並んでいるかを解答させる。全5試行のうち，2試行以上誤答であった5名の参

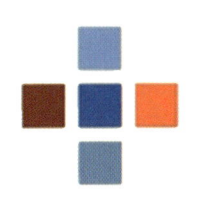

Figure 5-1．色のなかまテストの例（金子，1995）

加児（いずれも男児）は分析対象外とした。上記の実験参加児は，本課題において問題のない色覚であると判定された分析対象となった参加児である。

二次の誤った信念課題

二次の誤った信念課題は「移動課題（Wimmer & Perner, 1983）の応用版（林，2002）」を用い，音声付きのアニメーションを使用した。参加児は，白紙に解答した。信念質問，現実質問，記憶質問の全問に正答することで，心の理解得点1点を与えた。

ディレクター課題

ディレクター課題では2台のノート型コンピュータを用いて実験を行った。参加者への説明，ロールプレイあり教示およびロールプレイなし教示において，説明の画像はノート型コンピュータ（SONY VAIO VPCEA1AFJ）を用いて呈示された。練習試行（10試行）とテスト試行（40試行）ではタッチパネル搭載のノート型コンピュータ（FUJITSU LIFEBOOK AH/R3）で画像を呈示した。画像は Adobe Photoshop で作成，編集された。音声は IC レコーダ（Sony ICD-SX850）を用いて録音された。参加者への説明とロールプレイあり教示，ロールプレイなし教示の材料作成と呈示は Microsoft PowerPoint 2007を用いた。テスト刺激のプログラムは Super lab 4.0で作成し呈示した。ロールプレイにおいては，注文書を A4 判用紙で呈示した。使用した画像刺激の一部を Figure 5-2 に示した。

実験者はまず参加者に，「なんでもやさんゲーム」を行うことを伝えた。ゲームのルールとしては，店長役と店員役がおり，店長が店員に注文を伝え，注文されたものを店員が棚の中から取り出すということ，ゲームに参加するのは，参加者，サル，イヌであることが参加者に説明された。さらに，サルは人と同じ色覚であるが，イヌは人とは異なり，制限された色覚を有しているということを，例（Figure 5-2の（a）と（b）など）を用いて説明した。すなわち，イヌには赤色が黄色に見えるというものであった。色のバリエーションは，成人を対象としていた研究3よりも難易度を低くするために，本研究では赤と黄色の組み合わせのみを用いた。この時，参加者が正常色覚者であることの確認のため，参加者視点の画像呈示中に色の見え方を確認した。その後，ロールプレイあり群にはロールプレイを用いた教示を行い，ロールプレイなし

(a) 例示刺激（参加者視点）　　　　(b) 例示刺激（イヌ視点）

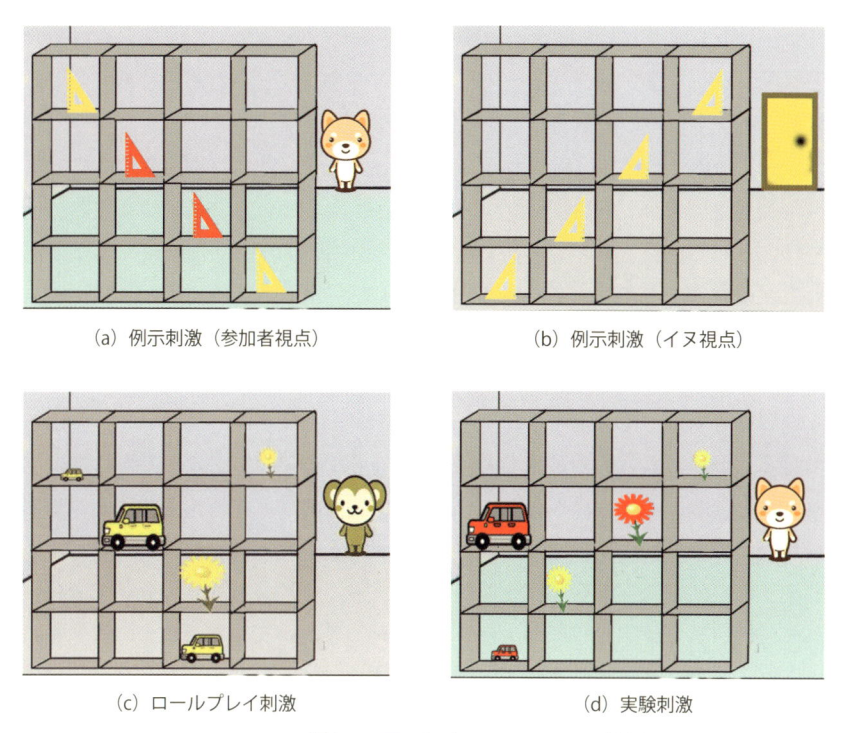

(c) ロールプレイ刺激　　　　　　　(d) 実験刺激

Figure 5-2．研究4で用いたディレクター課題の刺激例

群にはロールプレイを用いない教示を行った。

　ロールプレイあり教示では，参加者が「イヌ店長」の役を行うということが説明され，実験者が手渡す注文書（A4判用紙に「注文は〇〇」と記載されていた）に書かれている注文を店員役であるサルに伝えるように教示した。注文は全部で5つであり，児童を対象とした研究2と難易度を揃えるために，全ての注文は大きさ（大きな，小さな）と色（黄色い），オブジェクト名の情報を含むものであった。このとき，参加者はイヌ店長の役であるため，画像はイヌの色覚に合わせて作成された，色数の少ないものであった（Figure 5-2 の（c）参照）。サルの反応は，関連する先行研究に合わせ，3つめのみ正しいものであり，他は，全て誤答であった。5つの注文後，参加者にサルは参加者が注文書を見て思ったものと同じものを取っていたかが尋ねられ，全ての参加者から「取っていなかった」というような回答を得た。

ロールプレイなし教示では，参加者はロールプレイあり教示と同じ画像，おなじアニメーションを見たが，それらは全て実験者による教示に合わせて呈示され，参加者は特に能動的な行動は行わなかった。

　これらの教示の後は，両群ともに同じ手続きで実験を行った。参加者には次は参加者が「店員」，サルとイヌが「店長」であるということが伝えられ，サルは人と同じ色覚，イヌは人とは異なり，制限された色覚を有していることが再度強調された。また，イヌが相手の場合は，色覚が異なるため，イヌがどれを取ってほしいと思っているかということをよく考えてオブジェクトを取るように伝えられた（教示は付録3参照）。

　練習試行では，4×4の棚のどこかに飛行機とパトカーが置かれている画像の呈示と同時に女性の声による「飛行機」，もしくは「パトカー」の音声が呈示された。参加者には音声が流れた方のオブジェクトをタッチすることが求められた。練習試行は5試行が2セット行われ，最初の5試行の後，実験者によりタッチの仕方に対するフィードバックがあり，その後に残りの5試行が行われた。練習試行は参加者がタッチによる反応に慣れるために行われ，実験者によるフィードバック後にはほとんどタッチミスは見られなかった。なお，練習試行では参加者の正答によってのみ次の試行が始まった。

　練習試行の後，店長役が自己と同じ正常な色覚（サル）条件が20試行，店長役が制限された色覚（イヌ）条件が20試行，計40試行のテスト試行が行われた。テスト試行は条件ごとに10試行ずつブロック化された。自己と同じ色覚条件のブロックと制限された色覚条件のブロックは交互に呈示され，どちらの条件から先に行うかは，参加者間でカウンタバランスされた。テスト試行で用いられた画像刺激は，4×4の16のスロットに分かれた棚にオブジェクトが5つ置かれているというものであった。オブジェクト群は黄色のもの2つ，赤色のもの一つの組み合わせのオブジェクト群と2つの赤色のオブジェクト群で構成されていた（Figure 5-2の（d）参照）。音声刺激は練習試行とは異なる女性の声を「サルの声」，男性の声を「イヌの声」としたものが呈示された。内容は「注文　大きな　黄色い花」などであった。呈示はノート型コンピュータにより行った。注文は全て大きさ（大きな，小さな）と色（黄色い）がオブジェクトの前についていた。また，サル条件とイヌ条件で呈示される棚の中身，お

よび注文の内容は完全に対応していた。

　テスト試行には制限された色覚を有する他者のマインドリーディングを必ずしも必要としない課題が含まれていた。例えば，Figure 5-2の（d）の画像が呈示されたとき，音声刺激が「注文は大きな黄色い花」であれば，最も大きな黄色い花は参加者からは下から2段目のものであるが，制限された色覚を有するイヌには，上から2段目の赤い花も黄色い花に見えているため，参加児はそちらをタッチしなければならない。これはマインドリーディングが必要な課題である。一方，おなじ画像であっても，音声刺激が「注文は小さな黄色い花」であれば，一番上の段にある黄色い花が，参加児から見ても，制限された色覚を有するイヌから見ても，最も小さな黄色い花と考えられる。そのため，参加者はイヌの意図を読み取る必要は必ずしもなく，自分から見て小さな黄色い花にあてはまるオブジェクトを選択すればよいというものであった。このようなマインドリーディングを必ずしも必要としない試行については，誤答が多い参加児を分析対象外とする目的で設定されたが，全参加者において，2試行以上誤答であった参加者はいないため，全参加者を分析対象とした。よって，これらのマインドリーディングを必ずしも必要としない試行に関しては，分析対象外とした。

　テスト後は，実験者から，課題の難易度はどうであったか，方略を思いついたか，方略を思いついていればどのようなものであったか，絵を見せながら，テスト中何か感じたかということが口頭により質問され，参加者の回答を，実験者が筆記記録した。

5-2-3　結　果
二次の誤った信念課題
　二次の誤った信念課題に通過した参加児は23名（56％）であった。不通過であった参加児は18名（44％）であり，人数に偏りはなく，二次の誤った信念課題を通過した参加児を通過群，不通過であった参加児を不通過群として以下の分析を行った。

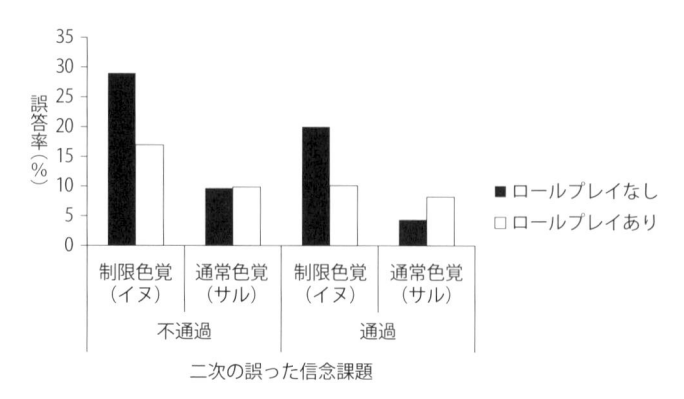

Figure 5-3. 誤答率の群別，条件別平均

ディレクター課題
誤答率
テスト試行　まず，学齢による誤答率の差を確認したところ，有意な学齢差は見られなかった（$F(1, 36) = 1.47, p = .23, \eta_p^2 = .04$）。従って，以下の分析は学齢を込みにして行った。

　テスト試行のうち必ずしも色覚の異なる他者のマインドリーディングを必要としない試行を除いた32試行におけるそれぞれの群，条件の誤答率をFigure 5-3に示した。これらの結果についてロールプレイ（あり・なし）×コミュニケーション相手（自己と同じ色覚，制限された色覚）×二次の誤った信念（通過，不通過）の分散分析を行ったところ，全ての主効果が有意であった（ロールプレイ：$F(1, 37) = 5.00, p = .032, \eta_p^2 = .12$; コミュニケーション相手：$F(1, 37) = 33.08, p < .001, \eta_p^2 = .47$; 群：$F(1, 37) = 8.04, p = .007, \eta_p^2 = .18$）。ロールプレイあり群（$M = 12.50, SD = 10.34$）はロールプレイなし群（$M = 24.70, SD = 11.77$）よりも有意に誤答率が低かった。参加児は，コミュニケーション相手が自己と同じ色覚の条件（$M = 7.03, SD = 6.25$）の方が，相手が制限された色覚の条件（$M = 18.75, SD = 12.58$）よりも誤答率が低かった。二次の誤った信念課題を通過した参加児（$M = 14.40, SD = 12.56$）は不通過であった参加児（$M = 14.31, SD = 10.48$）よりも誤答率が低かった。ロールプレイ×コミュニケーション相手の交互作用も有意であった（$F(1, 37) = 11.44, p = .002, \eta_p^2 = .24$）。単純主効果の検定を行っ

たところ，ロールプレイなし群の参加児は，コミュニケーション相手が自己とおなじ色覚の時（$M = 7.14$, $SD = 6.64$）の方が，相手が制限された色覚の時（$M = 24.70$, $SD = 11.77$）よりも誤答率が低かった（$t(20) = 6.92$, $p < .001$ (two-tailed), $r = .84$）。一方で，ロールプレイあり群の参加児では，そのような条件間の誤答率の差は見られなかった（自己とおなじ色覚の条件: $M = 8.75$, $SD = 5.88$; 制限された色覚の条件：$M = 12.50$, $SD = 10.34$; $t(19) = 1.39$, $p = .18$, (two-tailed), $r = .30$）。その他の交互作用は有意ではなかった（ロールプレイ×コミュニケーション相手×群: $F(1, 37) = .04$, $p = .84$, $\eta_p^2 = .001$; ロールプレイ×群: $F(1, 37) = .51$, $p = .48$, $\eta_p^2 = .01$; コミュニケーション相手×群: $F(1, 37) = 1.36$, $p = .25$, $\eta_p^2 = .04$）。

反応時間

ディレクター課題において，指示音声の終了後から参加者が画面をタッチするまでの時間を反応時間として記録した。反応時間の分析は参加者が正答した試行のみを全て分析対象とした。まず，学齢による差を分散分析によって確認したが，有意な差は見られなかった（$F(1, 36) = 2.35$, $p = .13$, $\eta_p^2 = .06$）。従って，以後の分析は学年を込みにして行った。

テスト試行　テスト試行のうち必ずしも色覚の異なる他者のマインドリーディングを必要としない試行を除いた32試行におけるそれぞれの群，条件の反応時間を Figure 5-4 に示した。これらの結果についてロールプレイ（あり・なし）×コミュニケーション相手（自己と同じ色覚，制限された色覚）×群（通過，不通過）の分散分析を行ったところ，コミュニケーション相手の主効

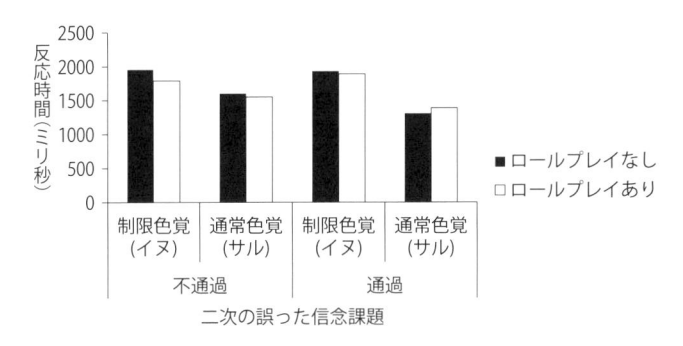

Figure 5-4．反応時間の群別，条件別平均

果が有意であった（$F(1, 37) = 44.93, p < .001, \eta_p^2 = .55$）。参加児は，コミュニケーション相手が自己と同じ色覚の条件（$M = 1451.15, SD = 473.87$）の方が，相手が制限された色覚の条件（$M = 1901.61, SD = 269.97$）よりも反応時間が短かった。コミュニケーション相手×群の交互作用も有意であった（$F(1, 37) = 4.26, p = .046, \eta_p^2 = .10$）。単純主効果の検定を行ったところ，二次の誤った信念課題通過群は，コミュニケーション相手が自己と同じ色覚の条件（$M = 1350.83, SD = 466.01$）の方が制限された色覚の条件（$M = 1909.26, SD = 269.79$）よりも反応時間が短かった（$t(22) = 6.13, p < .001$（両側検定），$r = .80$）。二次の誤った信念課題不通過群は，コミュニケーション相手が自己と同じ色覚の条件（$M = 1579.33, SD = 465.08$）の方が制限された色覚の条件（$M = 1891.83, SD = 277.69$）よりも反応時間が早かった（$t(17) = 3.91, p = .001$（両側検定），$r = .69$）。その他の主効果，交互作用については有意な差は見られなかった（ロールプレイ：$F(1, 37) = .16, p = .69, \eta_p^2 = .004$; 二次の誤った信念課題：$F(1, 37) = .80, p = .38, \eta_p^2 = .02$; ロールプレイ×コミュニケーション相手：$F(1, 37) = .84, p = .37, \eta_p^2 = .02$; ロールプレイ×二次の誤った信念課題：$F(1, 37) = .37, p = .55, \eta_p^2 = .01$; ロールプレイ×コミュニケーション相手×二次の誤った信念課題：$F(1, 37) = .001, p = .98, \eta_p^2 < .001$）。

5-2-4 考 察

本研究では，子どもが自己とは異なる「特殊的な他者」である，色の見え方の異なる他者の心を読む能力について検討した。事前の教示において，全ての参加児はイヌとサルの色の見え方について理解していたにもかかわらず，実際のコミュニケーション場面であるテスト段階になると参加児はイヌが相手の条件，つまり相手が自己と異なる色の見え方の条件のときに反応が遅くなっていた。これは，知識があってもオンラインコミュニケーション場面では，自己と異なる「特殊的な他者」の心を読み取るのは困難であるということを示唆している。

テスト段階では，ロールプレイあり群の参加児は相手が自己と同じ色覚でも制限された色覚でも誤答率は変わらなかったが，ロールプレイなし群の参加児は，相手が制限された色覚の条件において誤答が多くなっていた。これは仮説

a「コミュニケーション相手が制限された色覚である場合と自己と同じ色覚の場合とのディレクター課題の成績の差は，ロールプレイあり群の方がロールプレイなし群よりも小さい」を支持するものである。また，本研究における誤答率は研究3における誤答率に比べて，そこまで大きなものではなかったのも興味深い点である。研究2やDumontheil et al.（2010）では，成人と児童の間に大きな成績の差が存在していた。これらの結果に比べると，本研究と研究3の誤答率との間にはそこまでの差がない。課題の難易度が揃っていないため，今後検討が必要であるが，マインドリーディングの発達の道筋が，このような「特殊的な他者」の心を読むという状況では異なっている可能性を示唆している。

　また，二次の誤った信念課題を通過した群は，不通過であった群よりもディレクター課題の，他者が制限された色覚である条件において成績がよかった。これは仮説b「伝統的な他者の心の理解を測定する課題である二次の誤った信念課題を通過した参加児は，通過しなかった参加児よりもディレクター課題の成績がよい」を支持する結果であった。従って，本研究で測られたような「特殊的な他者」の心を読み取る能力は，伝統的な二次の誤った信念課題（Perner & Wimmer, 1985）で測られる能力と関連することがわかった。

　一方で，ロールプレイと二次の誤った信念課題の交互作用は見られなかった。これは，研究2において，参加児の他者の心の理解能力によってロールプレイの効果の大きさが変化するという結果とは一致しないものとなった。研究2では本研究とは違い，遮蔽がある型のディレクター課題を用いた。Dumontheil, Küster, et al.（2010）は，遮蔽型のディレクター課題はFlavell et al.（1981）のレベル1視点取得を含んでいると指摘している。つまり，課題の解決には，ディレクターに何が見えているのかの把握が必要なのである。一方で，本研究で用いた色の型のディレクター課題は，ディレクターに「どのように」見えているのかが重要である。従って，Flavell et al.（1981）のレベル2視点取得を含んでいる可能性がある。Surtees et al.（2012）も指摘しているようにマインドリーディングに含まれる視点取得のレベルが異なれば，実行機能の関与の様子も変化するため，この視点取得のレベルの違いが，研究2と本研究の違いを表している可能性がある。

本研究では，ロールプレイが児童の「特殊的な他者」の心の読み取りにポジティブな影響を及ぼすことを明らかにした。しかしながら，ロールプレイのどのような側面がマインドリーディングに影響を及ぼすのかは不明なままである。本研究のロールプレイでは，参加児は全員サル（通常色覚）の相手に対して，自分がイヌ（制限色覚）を演じるということを行った。演じる役を変更することでロールプレイの効果にどのような影響があるかを検討することは今後の課題と考えられる。また，ロールプレイの効果がどの程度継続するのかも不明である。本研究においては，ロールプレイを行った直後にテストを行った。どの程度ロールプレイの効果が継続するかを明らかにすることで，介入としてのロールプレイの効果についても深い議論を行うことができるだろう。

本研究では，ロールプレイがマインドリーディングに及ぼす効果は，子どもが「特殊的な他者」の心を理解する上でポジティブな影響を及ぼすという示唆を得ることができた。また，色の型のディレクター課題は伝統的な二次の誤った信念課題と関連がありながらも，また異なる能力を調べているということも示すことができた。多くの研究者がマインドリーディングのグループ分けを行っている（c.f. Low & Perner, 2012）が，「特殊的な他者」の心を読むマインドリーディングについても今後検討が必要であろう。

5-3　成人期の研究と児童期の研究のまとめ

前章と本章では，一般的な状況における特殊的な他者の心を読み取るマインドリーディング能力について，およびロールプレイがマインドリーディングに及ぼすポジティブな効果について成人を対象とした実験，児童を対象とした実験で明らかにしてきた。一般的な状況における特殊的な他者の心を読み取るマインドリーディングに関しては，成人でも児童でも困難であることがわかった。しかしながら，成人と児童のどちらにおいてもロールプレイは有用であり，「特殊的な他者」の役割を経験することは，「特殊的な他者」の心を読むことに重要な役割を持っているということが示唆された。しかしながら，この一般的な状況における特殊的な他者の心の理解と2章，3章で議論した特殊的な状況における一般的な他者の心の理解との関連は不明である。また，それぞれの

ロールプレイで行っていたのが，直後に自分のコミュニケーションの相手となるキャラクターであったため，何かの役を経験することが効果を持っているのか，コミュニケーション相手の役を経験することが重要であるのかはわからない。次章では，これらの問題を解決するために，ここまでの研究を組み合わせてさらにロールプレイの効果にせまって議論を進める。

第6章　研究5：ロールプレイの転移効果

◆◆◆

6-1　転移効果の検討の意義

2章から5章まででは，ロールプレイがマインドリーディングに及ぼすポジティブな影響について成人と児童を対象とした4つの実験的検討から明らかにしてきた。しかしながら，それぞれの研究で行われたロールプレイは，直後に行う課題で重要となる内容に即したものであった。そのため，ロールプレイの効果は，内容によるものであるのか，そもそも演じるということによるものであるのかといった議論は困難であった。そこで，本章では，ここまでの4つの研究の課題とロールプレイを組み合わせて，転移効果の観点からロールプレイのメカニズムの解明を目指す。

6-2　ロールプレイがマインドリーディングに及ぼす効果：転移

6-2-1　問　題

研究1においてロールプレイは特殊的な状況における一般的な他者の心の読み取りにポジティブな影響を及ぼすことを，ディレクター課題（遮蔽）を用いて明らかにした。研究2では，同様の効果は成人にも児童にも見られ，もともとの他者の心の理解能力によってその影響の現れ方は異なることが示された。研究3では，ロールプレイは一般的な状況における特殊的な他者の心の読み取りにポジティブな影響を及ぼすことを，ディレクター課題（色）を用いることで明らかにした。そして研究4では，特殊的な他者の心の読み取りが従来の二次の誤った信念課題と関連していることを示した上で，ロールプレイは児童にも特殊的な他者の心の読み取りについてポジティブな影響を及ぼすことを明らかにした。

第 6 章 研究 5：ロールプレイの転移効果

　ディレクター課題（遮蔽）の内容は，「なんでもやさんゲーム」の店長役が店員役に少し曖昧に命じたオブジェクトを特殊な棚の中から店員役が取り出すというものであった。そして，研究 1，2 で用いたロールプレイは，参加者が店長役となって店員役であるウサギにオブジェクトの取り出しを命じ，ウサギが間違えてしまうという状況を体験すると言うものであった。実験試行では，参加者が店員となり，店長であるウサギが命じるものを取らなければならないというものであり，ロールプレイの内容は実験試行で行う役割と反対の役割を演じるというものであった。ディレクター課題（色）の内容は，ディレクター課題（遮蔽）とほぼ同じであるが，用いた材料は遮蔽のない棚であり，登場キャラクターがイヌとサルであったことが変更点であった。サルは通常色覚であり，参加者と同じ色世界を見ているが，イヌは制限された色覚を持っており，参加者が見ている色世界とは異なる色世界を見ているという設定であった。店長役はディレクター課題（遮蔽）と同様に少し曖昧な「上の」「下の」「大きな」「小さな」といった言葉を用いて命じるが，そこに色情報が付け加えられていた。研究 3，4 で行ったロールプレイの内容は，参加者が「イヌ店長」の役を演じて店員役のサルにオブジェクトの取り出しを命じるというものであった。「イヌ店長」の役を演じるときは，参加者はイヌの色世界である制限された色覚で場面を見ていた。このとき，サルがオブジェクトの取り出しを間違えてしまうということがロールプレイの中身であった。実験試行では，参加者が店員となり，店長であるサルとイヌが命じるものを取らなければならないというものであった。このようにこれまでの研究で行ってきたロールプレイは課題の内容と深く関わるものであった。

　ロールプレイは，さまざまな事例研究で介入として考えられている（c.f. 滝吉・田中，2009）。介入効果の検討を行う際に重要であるのが，転移が起こるかどうかである。奥田・井上（2002）は，自閉スペクトラム症児に対するマインドリーディング能力への介入において，近転移は起こるが遠転移は起こらないとされることに対して，遠転移が起こる可能性を十分に議論できないのは，テストと介入の分析不足のためであることを指摘している。そこで，本研究では，ディレクター課題（遮蔽）とディレクター課題（色），そしてそれぞれへの介入としてのロールプレイを用いてマインドリーディングへのロールプレイ

の介入効果の転移について検討する．ディレクター課題（遮蔽）とディレクター課題（色）は類似した課題であり，双方への転移はともに近転移であると考えられるが，研究2と研究4の児童を対象とした研究の結果，伝統的な他者の心の理解の課題との関連の仕方がディレクター課題（遮蔽）とディレクター課題（色）で異なっていたことから，マインドリーディング能力の異なる側面を測っていることが示唆される．そのため，ロールプレイの効果が，広義のマインドリーディングにおける異なる側面の能力に転移するかを調べることは意義があると考えられる．そこで，以下のような目的で実験を行った．

本研究ではロールプレイを，研究1，2で行ったロールプレイ（遮蔽）と研究3，4で行ったロールプレイ（色）とに分類し，（1）ロールプレイ（遮蔽）とロールプレイ（色）の両方を行った両方群，（2）ロールプレイ（遮蔽）のみを行った遮蔽群，（3）ロールプレイ（色）のみを行った色群，（4）ロールプレイを行わなかった統制群の4群を構成する．また，ディレクター課題も，遮蔽と色を組み合わせた混合課題を作成し，それに加えて遮蔽課題，色課題，統制課題の4課題を構成する．ここまでの研究から，ロールプレイは，関連の強いディレクター課題にはポジティブな影響を及ぼすことがわかっている．また，参加者の内観報告より，ディレクター課題は遮蔽よりも色の方が困難であることもわかっている．これらからロールプレイ（色）は混合課題や遮蔽課題に転移を起こす可能性が考えられる．具体的には以下の4つの仮説を立て，検討する．

（仮説a）混合課題においては，両方群と色群は他の群よりも誤答率が低く，遮蔽群は統制群よりも誤答率が低い．
（仮説b）遮蔽課題においては，両方群と遮蔽群，そして転移の起こった色群の成績が統制群よりも良い．
（仮説c）色課題においては，両方群と色群は他の2群よりも成績が良い（遮蔽群は転移が起こらない）．
（仮説d）統制課題においては群間の差はみられない．

6-2-2 方　　法
実験計画
　ロールプレイ4（参加者間要因;両方，遮蔽，色，統制）×課題4（参加者内要因：混合，遮蔽，色，統制）の混合デザインであった。
実験参加者
　正常色覚者である大学生・大学院生83名が実験に参加した。そのうち，機器トラブルによりデータ収集が不完全であった3名を分析対象外とし，最終分析対象となったのは80名（平均年齢20.0歳，男性40名，女性40名）であった。参加者をランダムに両方群（平均年齢19.9歳，男性14名，女性6名），遮蔽群（平均年齢20.2歳，男性7名，女性13名），色群（平均年齢19.9歳，男性11名，女性9名），統制群（平均年齢20.0歳，男性8名，女性12名）に割り付けた。実験は，個人用のブース形式の心理学実験室で行われ，事前に必要なインフォームドコンセントを行った上で実施した。
色のなかまテスト
　参加者が正常色覚者であることを確認するために，色のなかまテスト（金子,1995）を全ての参加者に実施した。色のなかまテストの実施は研究4と同様に行い，本研究においては，全5試行中2試行以上誤答のあった参加者はいなかった。
ディレクター課題
　ディレクター課題では2台のノート型コンピュータを用いて実験を行った。参加者への説明，ロールプレイ，教示において，説明の画像はノート型コンピュータ（SONY VAIO VPCEA1AFJ）を用いて呈示された。練習試行（10試行）とテスト試行（80試行）ではタッチパネル搭載のノート型コンピュータ（FUJITSU LIFEBOOK AH/R3）で画像を呈示した。画像はAdobe Photoshopで作成，編集された。音声はICレコーダ（Sony ICD-SX850）を用いて録音された。参加者への説明とロールプレイに用いる材料作成と呈示はMicrosoft PowerPoint 2007を用いた。テスト刺激のプログラムはSuper lab 4.0で作成し呈示した。ロールプレイにおいては，注文書をA4判用紙で呈示した。
　実験者はまず参加者に，「なんでもやさんゲーム」を行うことを伝えた。ゲームのルールとしては，店長役と店員役がおり，店長が店員に注文を伝え，

注文されたものを店員が棚の中から取り出すということ，ゲームに参加するのは，参加者，サル，イヌであることが参加者に説明された。以後の手続きは，遮蔽教示と色教示の2種類があり，どちらを先に行うかは，群内でカウンタバランスを行った。

遮蔽教示

　遮蔽教示は研究1の方法と同様に行った。登場キャラクターにはサルを用いた。例示刺激（Figure 6-1の（a）と（b））を用いて，棚の仕組みを参加者が理解したことを確認した後，両方群と遮蔽群にはロールプレイあり教示（遮蔽）を，色群と統制群にはロールプレイなし教示（遮蔽）を行った。ロールプレイあり教示（遮蔽）では，Figure 6-2の（a）のような画像を用い，参加者には，実験者が手渡す注文書に沿って，画面上のサルに向かって声に出して注文を伝えることが教示された。注文は全部で5つであり，全ての注文は場所

　　（a）遮蔽例示刺激（参加者視点）　　　　　（b）遮蔽例示刺激（サル視点）

　　（c）色例示刺激（参加者視点）　　　　　　（d）色例示刺激（イヌ視点）

Figure 6-1．それぞれのディレクター課題の例示刺激

（上の，下の）か大きさ（大きな，小さな）とオブジェクト名の情報を含むものであった。サルの応答はこれまでの研究に合わせて，3つめの注文のみ正しくオブジェクトを選び，残りの注文は全て参加者からは中身が見えていない棚からものを取り出す誤答の設定とした。誤答の属性は大小，上下の全てで1度ずつであった。ロールプレイなし教示（遮蔽）では上記のロールプレイあり群が行った動作を全て実験者が行い，参加者は実験者とサルのやりとりを見ているのみであった。5試行終了後，両群にサルの反応が正答であったか誤答であったかを確認し，全ての参加者から状況を正しく理解しているとみなされる回答を得た（教示は付録2参照）。

色教示

色教示では，サルは人と同じ色覚であるが，イヌは人とは異なり，制限された色覚を有しているということを，例を用いて説明した（Figure 6-1の（c）と（d））。例えば，イヌには赤色が黄色に見え，紫色が青色に見えるというものであった。このとき，参加者が正常色覚者であることの確認のため，参加者視点の画像呈示中に色の見え方を確認した。その後，両方群と色群にはロールプレイあり教示（色）を行い，遮蔽群と統制群にはロールプレイなし教示（色）を行った。ロールプレイあり教示（色）では，参加者が「イヌ店長」の役を行うということが説明され，実験者が手渡す注文書（A4判用紙に「注文は○○」と記載されていた）に書かれている注文を店員役であるサルに伝えるように教示した。注文は全部で5つであり，全ての注文は場所（上の，下の）か

(a) 遮蔽ロールプレイ刺激　　　　(b) 色ロールプレイ刺激

Figure 6-2．2種類のロールプレイ場面

大きさ（大きな，小さな）と色（青い，黄色い），オブジェクト名の情報を含むものであった。このとき，参加者はイヌ店長の役であるため，画像はイヌの色覚に合わせて作成された，色数の少ないものであった（Figure 6-2 の（b））。サルの反応は，関連する先行研究に合わせ，3つめのみ正しいものであり，他は，全て誤答であった。5つの注文後，参加者にサルは参加者が注文書を見て思ったものと同じものを取っていたかが尋ねられ，全ての参加者から「とっていなかった」というような回答を得た。ロールプレイなし教示（色）では上記のロールプレイあり群が行った動作を全て実験者が行い，参加者は実験者とサルのやり取りを見ているのみであった。5試行終了後，両群にサルの反応が正答であったか誤答であったかを確認し，全ての参加者から状況を正しく理解しているとみなされる回答を得た（教示は付録3参照）。

練習試行

2種類の後は，全群，同じ手続きで実験を行った。参加者には次は参加者が「店員」，サルとイヌが「店長」であるということが伝えられ，サルは人と同じ色覚，イヌは人とは異なり，制限された色覚を有していることが再度強調された。また，イヌが相手の場合は，色覚が異なるため，イヌがどれを取ってほしいと思っているかということをよく考えてオブジェクトを取るように伝えられた。練習試行では，4×4の棚のどこかに飛行機とパトカーが置かれている画像の呈示と同時に女性の声による「飛行機」，もしくは「パトカー」の音声が呈示された。参加者には音声が流れた方のオブジェクトをタッチすることが求められた。練習試行は5試行が2セット行われ，最初の5試行の後，実験者によりタッチの仕方に対するフィードバックがあり，その後に残りの5試行が行われた。練習試行は参加者がタッチによる反応に慣れるために行われ，実験者によるフィードバック後にはほとんどタッチミスは見られなかった。なお，練習試行では参加者の正答によってのみ次の試行が始まった。

テスト試行

練習試行の後，店長が自己と異なる制限された色覚のイヌであり，色覚による心的状態のずれとともに，遮蔽によってもイヌと心的状態のずれが起こる混合課題20試行，店長が自己と同じ通常色覚のサルであり，色覚による心的状態のずれは起こらないが，遮蔽によってサルと心的状態のずれが起こる遮蔽課題

94   第6章　研究5：ロールプレイの転移効果

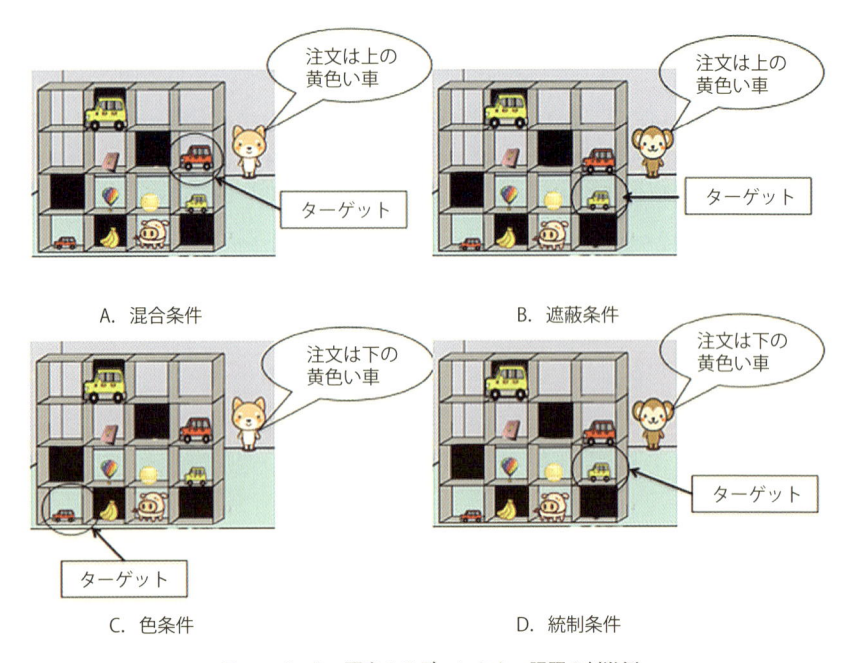

A. 混合条件　　　　　　　　　　　　B. 遮蔽条件

C. 色条件　　　　　　　　　　　　　D. 統制条件

Figure 6-3．研究5のディレクター課題の刺激例

20試行，店長がイヌであり，色覚による心的状態のずれが起こるが，遮蔽は関連のないところにしかない色課題20試行，店長がサルであり，色覚による心的状態のずれが起こらず，遮蔽も関連のないところにしかないため心的状態のずれが起こらない統制課題20試行，計80試行のテスト試行が行われた（Figure 6-3参照）。研究1～4とは異なり，本研究は成人のみを対象とすることを前提としていたため，難易度を上げるために，課題の呈示は完全にランダマイズされていた。テスト試行で用いられた画像刺激は，4×4の16のスロットに分かれた棚にオブジェクトが8つおかれているというものであった。オブジェクト群は青色のもの2つ，紫色のもの2つの組み合わせか，黄色のもの2つ，赤色のもの2つの組み合わせのオブジェクト群と5つの無関連なオブジェクトで構成されていた（Figure 6-3）。音声刺激は練習試行とは異なる女性の声を「サルの声」，男性の声を「イヌの声」としたものが呈示された。内容は「注文は　上の　青い鉛筆」などであった。呈示はノート型コンピュータにより行っ

た。注文は全て場所（上の，下の）か大きさ（大きな，小さな）と色（青い，黄色い）がオブジェクトの前についていた。また，サルが相手の課題とイヌが相手の課題とで呈示される棚の中身，および注文の内容は完全に対応していた。

テスト後は，実験者から，課題の難易度はどうであったか，方略を思いついたか，方略を思いついていればどのようなものであったか，ということが口頭により質問され，参加者の回答を，実験者が筆記記録した。

6-2-3 結　果
誤答率

テスト試行の誤答率を Figure 6-4 に示した。誤答率についてロールプレイ（両方，遮蔽，色，統制）×課題（混合，遮蔽，色，統制）の分散分析を行ったところ，ロールプレイの主効果（$F(3, 76) = 11.053, p < .001, \eta_p^2 = .30$），課題の主効果（$F(1, 76) = 7.49, p = .008, \eta_p^2 = .09$）が有意であった。交互作用（$F(3, 76) = 2.25, p = .089, \eta_p^2 = .08$）は有意ではなかった。ロールプレイの主効果について，Tukey 法による多重比較の結果，両方群は統制群よりも誤答率が低かった（$p = .001$）。また，色群は統制群よりも誤答率が低かった（$p = .026$）。課題の主効果について Bonferroni 法による多重比較の結果，統制課題は他の全ての課題よりも有意に誤答率が低かった（混合課題：$p = .001$; 遮蔽課題：$p < .001$; 色課題：$p < .001$）。交互作用は有意ではなかったが，課題ごとの分析のために，下位検定を行った。なお多重比較は Tukey 法を用いた。

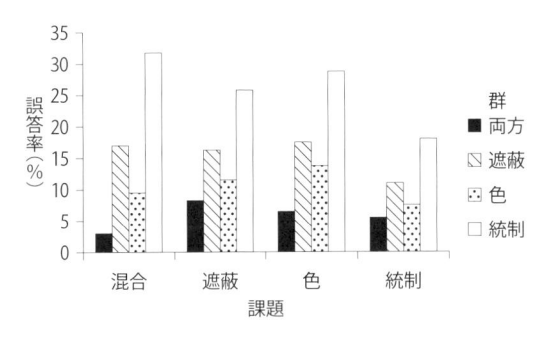

Figure 6-4．群別，課題別平均誤答率

混合課題

混合課題の誤答率についてロールプレイ（両方，遮蔽，色，統制）要因の分散分析を行ったところ，主効果（$F(3, 76) = 15.64, p < .001, \eta_p^2 = .38$）が有意であった。多重比較を行ったところ，両方群（$M = 3.00, SD = 3.77$）は，遮蔽群（$M = 17.00, SD = 9.79$），統制群（$M = 31.75, SD = 25.15$）よりも有意に誤答率が低かった（遮蔽群：$p = .012$; 統制群 $p < .001$）。色群（$M = 9.50, SD = 6.26$）は統制群よりも有意に誤答率が低かった（$p < .001$）。遮蔽群は統制群よりも有意に誤答率が低かった（$p = .007$）。両方群と色群（$p = .460$），色群と遮蔽群（$p = .333$）の間に有意な差は見られなかった。

遮蔽課題

遮蔽課題の誤答率についてロールプレイ（両方，遮蔽，色，統制）要因の分散分析を行ったところ，主効果（$F(3, 76) = 6.91, p < .001, \eta_p^2 = .21$）が有意であった。多重比較を行ったところ，両方群（$M = 8.25, SD = 7.83$）は，統制群（$M = 25.75, SD = 19.55$）よりも有意に誤答率が低かった（$p < .001$）。また色群（$M = 11.50, SD = 8.45$）は統制群よりも有意に誤答率が低かった（$p = .005$）。両方群と遮蔽群（$M = 16.25, SD = 12.55$），色群との間に有意な差はなかった（遮蔽群：$p = .216$; 色群：$p = .858$）。遮蔽群と色群（$p = .655$），統制群（$p = .103$）の間に有意な差は見られなかった。

色課題

色課題の誤答率についてロールプレイ（両方，遮蔽，色，統制）要因の分散分析を行ったところ，主効果（$F(3, 76) = 6.85, p < .001, \eta_p^2 = .21$）が有意であった。多重比較を行ったところ，両方群（$M = 6.50, SD = 5.64$）は，統制群（$M = 28.75, SD = 26.40$）よりも有意に誤答率が低かった（$p < .001$）。また色群（$M = 13.75, SD = 8.09$）は統制群よりも有意に誤答率が低かった（$p = .019$）。両方群は，遮蔽群（$M = 17.50, SD = 14.56$），色群との間に有意な差はなかった（遮蔽群：$p = .134$; 色群：$p = .475$）。遮蔽群と色群（$p = .877$），統制群（$p = .121$）の間に有意な差は見られなかった。

統制課題

統制課題の誤答率についてロールプレイ（両方，遮蔽，色，統制）要因の分散分析を行ったところ，主効果（$F(3, 76) = 3.66, p = .016, \eta_p^2 = .13$）が

有意であった。多重比較を行ったところ，両方群（$M = 5.50, SD = 9.31$）は，統制群（$M = 18.00, SD = 21.73$）よりも有意に誤答率が低かった（$p = .015$）。しかしながら，両群ともに床効果が見られた。両方群と遮蔽群（$M = 11.00, SD = 7.36$），色群（$M = 7.50, SD = 6.79$）とは有意な差が見られなかった（遮蔽群：$p = .531$；色群：$p = .960$）。その他の群間差も全て非有意であった（遮蔽群と色群：$p = .824$；遮蔽群と統制群：$p = .318$；色群と統制群：$p = .055$）。

反応時間

テスト試行の正反応時間についてロールプレイ（両方，遮蔽，色，統制）×課題（混合，遮蔽，色，統制）の分散分析を行ったところ，課題の主効果（$F(1, 76) = 5.69, p = .020, \eta_p^2 = .07$）が有意であった。ロールプレイの主効果（$F(3, 76) = .46, p = .714, \eta_p^2 = .02$）と交互作用（$F(3, 76) = 2.11, p = .106, \eta_p^2 = .08$）は有意ではなかった。Tukey法による多重比較の結果，参加者は，混合課題では，参加者は色課題（$p = .003$），統制課題（$p = .046$）よりも反応時間が遅かったが，遮蔽課題（$p = .611$）とは有意な差がなかった。遮蔽課題では，色課題（$p = .001$）よりも反応時間が遅かったが，統制課題（$p = .284$）とは有意な差がなかった。色課題は統制課題（$p = .011$）よりも反応時間が早かった。

6−2−4 考　察

誤答率の結果について，課題ごとに考察する。まず，統制課題において有意な差が見られなかったことから，課題に対する理解，態度やモチベーションについて群間で差はなかったと考えられる。従って仮説d「統制課題においては群間の差はみられない」は支持された。混合課題についてであるが，混合課題では，両方群が遮蔽群，統制群よりも誤答率が低かった。色群は統制群よりも誤答率が低かった。そして遮蔽群は統制群よりも誤答率が低かった。その他の群間の差は全て非有意であった。これらの結果から，混合課題の解答を容易にするためには，両方のロールプレイが重要であり，ロールプレイ（遮蔽）とロールプレイ（色）の混合課題への効果を比べると，遮蔽群と色群はどちらも統制群よりも誤答率が低かったことから，どちらも効果はある程度あると考え

られる。しかしながら，両方群と色群の間には有意な差はない一方で遮蔽群は両方群よりも有意に誤答率が高かったため，ロールプレイ（色）の方が，混合課題への効果が高いということが示唆される。従って，仮説 a「混合課題においては，両方群と色群は他の群よりも誤答率が低く，遮蔽群は統制群よりも誤答率が低い」は支持された。

遮蔽課題，色課題の両方においては，両方群と色群はそれぞれ統制群よりも有意に誤答率が低かったものの，その他の群間差は見られなかった。従ってロールプレイ（色）は色課題だけではなく，遮蔽課題にもポジティブな影響を与えていたため，転移効果がみられたと考えられる。一方でロールプレイ（遮蔽）は遮蔽課題においても統制群との間に有意な差は見られなかった。これは，本研究では研究1，2とは異なり，店長バッジを外していたこと，また刺激の呈示が完全にランダムであったことが要因として考えられる。また，ロールプレイ（色）では，イヌと店長の役が同時に参加者に与えられていた一方でロールプレイ（遮蔽）では，店長の役のみであった。研究1，2では店長バッジを参加者に与えることが店長の役をよりイメージ化しやすいものにしていたのかもしれない。これらの結果から，仮説 b「遮蔽課題においては，両方群と遮蔽群，そして転移の起こった色群の成績が統制群よりもよい」は遮蔽群と統制群に有意な差がなかったため，一部支持するのみにとどまった。一方で，仮説 c「色課題においては，両方群と色群は他の2群よりも成績が良い（遮蔽群は転移が起こらない）」に関しては，仮説は支持された。研究1，3の参加者の内観報告を比較すると，研究3において「難しかった」という回答が比較的多く，また本研究においても，「イヌさんが出てくると混乱した」という内観報告が多く得られた。従って，色課題は遮蔽課題よりも困難であったと考えられ，それに対応していないロールプレイであるロールプレイ（遮蔽）は色課題に転移が起こらなかったと考えられる。

次に，反応時間の結果は，混合課題は色課題，統制課題に比べて反応時間が遅く，遮蔽課題と統制課題は色課題よりも反応時間が遅いという結果であった。しかしながら，反応時間の考察には注意が必要である。本研究における誤答率はこれまでの研究1〜4と比べて高いものであった。これは，4つの種類の課題がランダムに呈示されたためであると考えられる。課題中に参加者自身も，

同じペースで解答を続けている途中に，誤答であったとに気がつくというような場面が散見された。また，課題後の質問においても，「イヌとサルのどっちがでてくるのかがわからなくて難しかった」や「切り替えが難しかった」という回答を得た。研究2で考察したように，反応時間の分析は正反応のみを分析対象としているため，誤答が多くとも反応時間が速いという可能性がある。本研究においては，統制課題の誤答率は他の全ての課題の誤答率よりも低かった。従って色課題では参加者は，統制課題よりも有意に多く間違えているにもかかわらず，反応時間は速かったということである。これは研究2, 4およびSurtees et al. (2011) における児童の反応の傾向にも類似しており，参加者の年代にとって困難な課題における1つの反応パターンと考えられる。

以上の結果より，ロールプレイ（色）は遮蔽課題に転移することが示唆された。課題の難易度では有意な差は見られなかったが，5つの研究を通しての参加者の内観報告から，色覚による心的状態のずれを用いた課題は，遮蔽による心的状態のずれを用いた課題よりも困難であると推測される。従って，困難な場面を想定したロールプレイはより簡単な場面における他者の心の理解にもポジティブな影響を及ぼすと考えられる。しかしながら，本研究は成人を対象としており，子どもでどのような結果が得られるかは未検討である。研究2, 4から成人と児童ではロールプレイの効果の現れ方が異なるということが示唆されているため，今後，児童で同様の研究を行うことにより，マインドリーディングの発達段階に応じたロールプレイの転移効果を検討することが重要である。いずれにせよ，本研究によって定型発達者である成人にはロールプレイの効果が転移することが示唆された。今後，ロールプレイを教育場面に応用することを検討する上で，非常に重要な足がかりであると言える。

第 7 章　総合考察

7-1　本書で得られた研究成果

本節では，5つの研究で得られた研究成果を要約する。

7-1-1　特殊な状況で心を読む難しさ

まず，研究1，2で取り上げた特殊的な状況における一般的な他者の心を読み取るマインドリーディングについてである。この2つの研究ではディレクター課題（遮蔽）を用いて実験を行った。研究1では，成人期におけるマインドリーディングとそれに及ぼすロールプレイの効果を検討するために，Dumontheil et al.（2010）が児童期から成人期までを対象として用いた課題を修正した課題を用いた。研究2では，児童期と成人期の比較のために，研究1で用いた課題の難易度を低く修正したものを用いた。ディレクター課題（遮蔽）はKeysar et al.（2000）以降の多くの研究で成人を対象としてマインドリーディング能力を測定するために用いられてきた。Keysar et al.（2000）を含め，実際の棚を用いて参加者の眼球運動を測定した研究では，成人参加者が「自己中心的な眼球運動」を見せることを指摘している。つまり，コミュニケーション相手であるディレクターではなく，自己の視点を優先した眼球運動を見せるということである。そしてDumontheil et al.（2010）をはじめとするコンピュータ上で行うディレクター課題がこれまで明らかにしてきたのは成人参加者であっても誤答率が高く，反応時間がかかるということである。研究1でも同様に成人であってもディレクター課題の誤答率はある程度存在することが示され，反応時間もある程度の長さを要していることが明らかにされた。研究2では，成人参加者の誤答率は低かったが，全体的に全問正答ということはなかった。研究2の誤答率が低かった理由は，児童との比較のために課題を研究1よりも簡単

なものに修正したからであると考えられる。一方で、児童の誤答率はロールプレイなし群で約45％，ロールプレイあり群で約17％であった。

　しかしながら、研究1における成人、研究2における児童において、先行研究とほぼ同じ手続きで行ったロールプレイなし群の誤答率は、ディレクター課題を用いたほとんどの先行研究（c.f. Dumontheil et al., 2010）と比べて低かった。反応時間についても先行研究と比べて速かった。このような差がなぜ現れたのかについて以下に議論を進める。本研究で用いたディレクター課題では、従来のディレクター課題とは異なり、オブジェクトを移動させるという手続きではなく、オブジェクトを選ぶという手続きを用いた。加えて、本研究においては、これまでの先行研究とは異なり、マウスでクリックするのではなく、タッチスクリーンをタッチするという反応で解答することを参加者に求めた。従来のディレクター課題では、オブジェクトを上下左右のどこかに移動させることを求めており、参加者は、指示されたオブジェクトを決定し、移動先を考えるという二重のプロセスが求められていた。さらに、左右については、先行研究では「自己視点からの左右でよい」と教示されているが、日常生活においては、左右は向かい合っている他者とのコミュニケーションにおいて、自己にとっての左右か、他者にとっての左右かを考える必要がある。また、オブジェクトの選定はディレクターからの視点で決定し、移動先は自己からの視点で決定するというコンフリクトによって参加者の誤答率が上がった可能性がある。タッチスクリーンのタッチは参加者にとって比較的わかりやすく、また研究2の児童の参加者にとってはマウスのクリックよりも慣れたものであったと考えられる。これらの理由によって先行研究との誤答率の差が現れたと考えられる。一方で、参加者の内観報告からは「難しかった」というものが多く、このようなマインドリーディングは困難であったということは本研究の参加者についても同様であったと考えられる。

7-1-2　特殊な状況での心の読み取り能力を高めるロールプレイ

　研究1，2の2つの研究を通して、ロールプレイがマインドリーディングに促進的な効果を及ぼすことを明らかにすることができた。なぜロールプレイが効果を持つのかについては明らかになっていないものの、何点かの重要な示唆

を得ることはできた．まず，研究２のテスト試行終了後にテスト試行で用いた画像を呈示しながら，そのときにどのように感じたかという質問に対して，成人はロールプレイあり群，ロールプレイなし群ともに「自分が見えているものではなくてウサギから見えているものを選ばなくてはと思った」「相手からの見え方を意識した」というような回答が目立った．一方，児童はロールプレイあり群では「お客さんに違うものを渡さないように気を付けた」「間違ったらだめと思った」というような課題設定に入り込んだような回答が目立ったが，ロールプレイなし群では「どれのことを言っているのか難しかった」「間違ってしまったと思った」というような回答が目立った．

　また，ウサギが間違えてしまうアニメーションを見たときに感じたことという質問への回答では，成人ではロールプレイあり群，ロールプレイなし群ともに「それは確かにあり得る話だと思った」「確かにこっちに見えていない箱の中にも何かが置かれている可能性があるのだとわかった」というような客観的に述べる回答が多かった．児童では，ロールプレイあり群には「言っているのと違うのを取られていやな気持ちになった」「どうしてそんなところから取るのかと思った」というような比較的感情のこもった回答が見られたが，ロールプレイなし群の回答例には，「よくわからないけどびっくりした」「とてもちいさいハンバーガーだと思った」というものが挙げられ，嫌な気持ちといった感情がこもった回答は見られなかった．

　さらに，児童のロールプレイあり群のみに見られた反応として，テスト試行中に店長のウサギから注文を言われるたびに「ハイ」と返事をするというものがあった．このような反応をした数名の児童はいずれも好成績であった．これらの点から，ロールプレイあり群は，テスト試行中に自分が「店員」役であることを意識し，その役にのめりこむことが容易にでき，その結果，好成績になったと考えられる．また，「嫌な気持ちになった」というような情動的な内容を含む回答からは，ロールプレイ時に喚起された情動の影響により，テスト試行時に同じように間違えることのないように注意することが意識されたとも考えられる．感情に関する言及は，児童でのみ見られ，成人では抑制されていると考えられるが，量的に感情変化を分析することにより，客観的に今後分析を行うことが必要である．

7-1-3 特殊な他者の心を読む難しさ

研究3，4では特殊的な他者の心を読み取るマインドリーディングについて取り上げた。この2つの研究ではディレクター課題（色）を用いて実験を行った。ディレクター課題（色）は，自他の心的状態のずれを状況ではなく，他者自身に帰属するものである。研究3における成人の誤答率も，研究4における児童の誤答率も，他者が自己と異なる色覚の課題で高くなっており，自己と異なる認知を行う他者の心を読み取るマインドリーディングは困難であることがわかった。特に成人においては，色覚異常の存在は知っていながらも，教示を何度も繰り返すことで課題の設定を理解した参加者も何名かおり，課題として呈示される他者が自己と異なる色覚であるということを理解することは困難であったと考えられる。一方で，研究4における参加児は，色覚異常の存在は知らなくとも，比較的簡単に教示を理解して課題を行った。教示の理解についての成人と児童の差は興味深い点である。特殊的な他者の心を読み取るマインドリーディングがなぜ難しいかという点であるが，まず視覚的な手がかりが少ないことが挙げられる。ディレクター課題（遮蔽）では，遮蔽は視覚的に見えるために，それが手がかりとなって参加者が他者の心的状態を推測しやすかったという可能性が考えられる。一方で，ディレクター課題（色）では，手がかりとなるのはサルかイヌかの違いのみである。そのため，イヌが制限された色覚であることを，参加者は手がかりなしに想起しなければならなかった。また，同じような内容の要求を通常色覚のサルも行ったことも参加者にとって課題が困難であった要因と考えられる。日常生活でも，同じ状況において異なる心的状態を抱く複数の他者は存在しており，同時にそれぞれの心的状態を推測することは困難であると考えられる。事後質問においても，研究3においては40名中36名，研究4においては41名中29名が困難であったと回答したことからも，このようなマインドリーディングの困難さが示唆されている。

7-1-4 特殊な他者の心の読み取り能力を高めるロールプレイ

研究3，4においても，研究1，2と同様に，ロールプレイはマインドリーディングにポジティブな効果を及ぼすことがわかった。研究3，4において行ったロールプレイは「イヌ店長となってサルとコミュニケーションを行う」

というものであった。研究1，2において，参加者は「店長」の役のみを演じていたが，研究3，4では同時に「イヌ」，つまり制限された色覚のキャラクターの役を演じることが求められた。従って，演じる役についての情報が単純に増加しているため，参加者はロールプレイを行う前の教示の理解も研究1，2と比較すると困難であったと考えられる。ここからは，ロールプレイの効果がなぜ現れたのかについて，参加者の口頭での反応を手がかりとして議論を進める。まず，研究3の成人の参加者の口頭での反応についてであるが，ロールプレイあり群の参加者からは，「イヌさんは赤が黄色に見えていて，紫が青に見えているということに気をつけました」や「サルさんが相手のときの方が簡単でした」というように登場キャラクターを擬人化したような反応が多く見られた。一方で，ロールプレイなし群の参加者からは，「サルとイヌの色の見え方の違いが難しかった」や「サルのときもイヌのときも自分の答えが正しいのかどうかがわからなくなって混乱した」というような回答が多く，サルやイヌを擬人化して回答を行った参加者はほとんど見られなかった。研究4の児童の参加児の口頭での反応では，ロールプレイあり群の参加児からは「イヌさんもサルさんも注文が簡単だった」や「店長さんはもっとわかりやすいように言ってほしかった」というような回答のように，やはり研究1，2と同じく設定に沿った内容を答えることが多く，一方でロールプレイなし群の参加児からは「車の方が簡単だった」や「サルさんの方がわかりやすかった」というような簡単な感想と捉えられる回答が見られた。また，研究2と同様に，研究4におけるロールプレイあり群の参加児の中には，登場キャラクターのイヌやサルに「ハイ」と返事をする反応が見られた。これらの反応から，研究1，2と同じく，課題の設定への入り込みはロールプレイあり群で強かった可能性がある。

　また，研究3，4の参加者は全員，テスト試行前の色の確認質問には正しく答えており，知識として「イヌは制限された色覚である」ということは獲得していたと考えられる。しかしながら，ロールプレイあり群とロールプレイなし群において成績の差が見られた理由としては，竹田他（2001）が指摘しているように，自己と異なる「特殊的な他者」を経験することで，漠然としていた「特殊的な他者」像をよりイメージ化しやすくなったためと考えられる。また，近年マインドリーディングには，従来の課題で測定される「理解」と，日常生

活におけるオンラインの「使用」について議論されている（Dumontheil et al., 2010; Frith, Happé, & Siddons, 1994）。この議論から，理解については群間の差はないが，使用について群間の差が見られたと考えることもできる。つまり，他者の心的状態（イヌには赤色が黄色に見えており，要求しているオブジェクトは赤色のものである可能性がある）は理解しているが，オンラインでの使用（相手がイヌの場合は，赤色のものを要求している可能性があるため，選択の際に赤色のオブジェクトも即座に考慮する）についての差があったという可能性が考えられる。

従来のマインドリーディング課題では，知識を問う課題がほとんどであり，その知識を使用する能力について検討はあまり行われてこなかった。ディレクター課題はマインドリーディングを使用する能力を測定する課題であり（Dumontheil et al., 2010），課題の成績はマインドリーディングを使用する能力であると考えられる。本研究においても5つの研究全てにおいて，参加者には自己と他者の心的状態のずれについては理解していることを確認した上でテストを行っている。つまり，全ての参加者は知識を理解しているという前提であり，課題の成績の差は，その知識を使用する能力の差とも考えられる。

7-1-5 児童期と成人期の他者理解とロールプレイの効果の比較

5つの研究のうち，研究1と3と5は成人を対象に，4は児童を対象に，そして2は児童と成人の両方を対象に行った。これまで，同じ課題を用いて児童と成人を比べる研究は少なかったが，本研究において得られた結果から，児童期と成人期におけるマインドリーディングとロールプレイの効果について考察をおこなう。まず，マインドリーディング能力の差であるが，研究2の結果から，二次の誤った信念課題，うそと皮肉の区別，責任性の理解の3つの課題に正答し，成人により近い児童-高群の参加児であっても，ディレクター課題の成績は成人の参加者よりも低かった。これは，Dumontheil et al.（2010）が指摘しているように，マインドリーディングは青年期後期であっても，まだ発達途上であるという点と一致している。一方で，全く同じ課題で比較していないために断定することはできないが，研究3，4の結果から，一般的な状況において特殊的な他者の心を読み取るマインドリーディングに関しては，特殊的な

状況において一般的な他者の心を読み取るマインドリーディングに比べると成人と児童との差は少ない可能性がある。これは，実験実施の際の教示，実験中，事後質問における反応からも示唆される。また，児童の参加児は，成人の参加者よりも教示回数が少なくとも課題の設定を理解していた。従って，マインドリーディングの種類によって描く発達の軌跡は異なっていることが示唆された。

児童期と成人期におけるロールプレイの効果の違いであるが，基本的にロールプレイはどちらにおいてもポジティブな効果を及ぼすものの，細部に関しては異なっていることがわかった。ディレクター課題の成績について，成人に関しては誤答率と反応時間のどちらについてもロールプレイのポジティブな効果が得られた。つまり，事前にロールプレイを行うと，ディレクター課題の誤答率が下がり，正反応時間が速くなることがわかった。一方で，児童に関しては，ディレクター課題の誤答率は下がるものの，正反応時間には変化がなかった。これはディレクター課題（遮蔽）とディレクター課題（色）のどちらにおいても同様の結果であった。その理由として考えられるのは，児童では反応時間が速いものの誤答であるという反応が多い一方，成人では反応時間と正確さが両立しているということである。成人と児童の間の誤答数の差が非常に大きいため，誤答の反応時間の差は分析対象外としたが，ローデータを見ると，児童の誤答は反応時間が速く，成人の誤答は反応時間が遅い傾向がある。これはSurtees et al.（2011）でも同様の傾向が示唆されているが，統計的な分析はされていない。本研究では正反応時間のみを分析しているため，正確性を無視して速さを重視するという方略でも，反応時間は「速い」という結果として表れてしまう。研究2において心の理論低群の群間の差の検定で中程度の効果量が見られたことに関しても，速さを重視した参加児と正確性を重視した参加児が混在していたために見られたものと考えられる。

7-1-6　ロールプレイの効果の転移

研究5では，ロールプレイの効果の転移について検討した。具体的には，ロールプレイを，研究1，2で行ったロールプレイ（遮蔽）と研究3，4で行ったロールプレイ（色）とに分類し，（1）ロールプレイ（遮蔽）とロールプレイ（色）の両方を行った両方群，（2）ロールプレイ（遮蔽）のみを行っ

た遮蔽群，（3）ロールプレイ（色）のみを行った色群，（4）ロールプレイを行わなかった統制群の4群を構成した。また，ディレクター課題も，遮蔽と色を組み合わせた「混合課題」を作成し，混合課題，遮蔽課題，色課題，統制課題の4課題を構成した。その結果，混合課題では，両方群と色群と遮蔽群が統制群よりも成績がよく，遮蔽課題と色課題では，両方群と色群が統制群よりも成績がよかった。つまり，ロールプレイ（色）は，遮蔽課題の誤答率にポジティブな影響を及ぼしていた。この結果から，ロールプレイ（遮蔽）から色課題への転移は起こらないが，ロールプレイ（色）から遮蔽課題への転移は起こる可能性が示唆された。ロールプレイ（遮蔽）では，参加者は自己と他者の見えているものが異なるときに，コミュニケーションに齟齬が生じることを実際に体験する。一方で，ロールプレイ（色）では，ロールプレイ（遮蔽）と同様に参加者は自己と他者の見えているものが異なるときに，コミュニケーションに齟齬が生じることを体験するが，それと同時に，外見からはわかりにくくとも，異なるキャラクターが異なる心的状態を持っており，そのため認知の違いが生じるということも体験する。つまり，ロールプレイに含まれる内容が，ロールプレイ（色）の方が多かった可能性が考えられる。本研究において，複雑なロールプレイを体験することでより簡便な状況においては適切に対応できることが示唆されたことから，ロールプレイの効果は一対一対応ではなく，ある程度柔軟であると考えられる。

　一方で，ディレクター課題の課題間の違いはほとんどなく，文脈も全て同じものであったため，より異なる状況にロールプレイが効果を及ぼすかどうかはわからない。ロールプレイの転移効果については，今後慎重に検討をすることが必要である。

7-2　本書の意義

7-2-1　学術的意義

　本研究の学術的意義は大きく2つ考えられる。まず1つめは，マインドリーディングに及ぼすロールプレイの効果を実験的に検証し，明らかにしたことである。これまでの研究において，マインドリーディングの発達に影響を及ぼす

と考えられてきた社会的経験の効果については実験的に操作することが困難であるため，あまり検証されてこなかった。しかしながら，社会的経験がマインドリーディングの発達に及ぼす影響については，多くの研究者が想定し，関心を寄せていた（e.g., Astington & Jenkins, 1995; Rosen et al., 1997; Schewel et al., 1999）。また，ロールプレイに関しても臨床場面や教育場面における効果が期待され，多くの事例研究が行われてきた（面高・柴山，2008；滝吉・田中，2009など）。本研究によって，ロールプレイがマインドリーディングに及ぼす効果を実証的に示せたことは，発達心理学，認知心理学，臨床心理学，教育心理学の各分野の研究の進展に大きく寄与するものであると考えられる。

　発達心理学の分野においては，これまで「演じる行為」とマインドリーディングの発達の関連は，対照群を設定して検証を行った研究がほとんどなく，研究間において差が生じていた（Lillard et al., 2013）。本研究は，対照群を設定し，ロールプレイがマインドリーディングに及ぼす効果を実験的に検証する手法を確立したことにより，発達心理学の分野にインパクトを与えたと言える。

　認知心理学の分野においては，成人期のマインドリーディングについても，ロールプレイが効果的であるということを示した点においてインパクトを与えたといえる。これまでの研究では，成人期のマインドリーディング能力は問題になることが少なかった。一方で，成人期においてもマインドリーディング能力は色々な負荷により困難であることが指摘されていた（Lin et al., 2010など）。本研究では，成人期においてもロールプレイによってマインドリーディングの能力が促進される可能性を示すことで，成人期のマインドリーディング研究の伸展に寄与したと考えられる。

　臨床心理学，教育心理学の分野においては，臨床場面，学校教育場面において用いられてきたロールプレイの効果について，対照群を設定して実験的に効果を明らかにしたことによるインパクトを与えたと考えられる。

　2つめは，「特殊的な他者」の心を読み取るマインドリーディング能力について検討するための課題を開発した点である。マインドリーディング研究においては，参加者に呈示されるキャラクターの心的状態を推測させ，どれくらい正しく推測できたかを測定するという方法が一般的であった。その際，呈示されるキャラクターについての情報はほとんどないか最小限であり，参加者は

キャラクターについて「一般的に考えてこうであろう」「大多数の人はこのように考えるであろう」という推測のもと，回答することが可能であった。しかしながら，このような課題の成績がよくとも，コミュニケーションはいつでも完全にうまくいくということはない。それは，同じ状況であっても，人それぞれに考えることが異なっているからと考えられる。これまでの研究ではそのような他者の心の理解について測定することは行われてこなかった。研究3，4，5において用いたディレクター課題（色）はそのような問題を解決し，「特殊的な他者」の心的状態を読み取る能力を定量的に測定することができる課題であり，さまざまな研究分野に応用が可能な課題である。これまでの研究では，特に登場人物についての特別な情報が与えられることなく，そのような登場人物の心的状態，およびそれに基づいた行動を推測させる課題によってマインドリーディング能力を測定することがほとんどであった（Baron-Cohen et al., 1985など）。登場人物に情報がないということは，その登場人物は「一般的な他者」であり，参加者は，「大多数の他者はこのように考えるだろう」という，いわばヒューリスティクス的な考えにより課題に解答することができる（Wimmer & Weichbold, 1994）。それに対して，他者に情報があり，一般的な他者とは異なる他者の心的状態に気づき，それに基づいて適切な行動を取ることは，日常生活において重要である。本研究において「特殊的な他者」の心的状態を読み取るマインドリーディングの課題を開発したことは，マインドリーディング研究の発展に大きく寄与したと考えられる。

7-2-2　実践的意義

本研究の実践的意義は大きく2つあると考えられる。まず1つめは，ロールプレイの効果を5つの実験で一貫して示してきたことである。竹田他（2001）は擬似的な体験によって，知識として獲得していた他者像が，より鮮明にイメージ化することができると述べており，一般的にも経験，体験することは知識や，適切な行動の獲得のために重要であると考えられている。社会においても，ソーシャルスキルトレーニングや職業訓練場面など，多くの訓練場面でロールプレイは用いられている（瀧・柴山，2008；村井他，2011など）。また，教育場面においても，幼児は自発的にごっこ遊びを行う（渋谷他，2008）こと

から，自発的なごっこ遊びを応用し，なじみの深いキャラクターを用いることによって，幼稚園や保育所でもロールプレイは用いられている。さらに小学生の他者理解（台，2003）や中学生のソーシャルスキルの獲得（金山他，2005）にも，ロールプレイは用いられている。今日では，職業体験型テーマパークにおいてもロールプレイは取り入れられており，そのロールプレイを通して3歳から15歳までの子どもにおいて，発話が文脈に添っていない発話から文脈に添った発話へと変化することが指摘されている（古見，2013）。また，臨床場面においても，自閉スペクトラム症などの発達障害者に対してのサポート技法としても考案されている（e.g., 須藤，2011; 武藏他，2010）。これら一般社会において素朴的に効果があると考えられ，また研究分野内において事例検討的に効果が指摘されてきたロールプレイの効果について実験的に明らかにした本研究は実践的にも意義深いと考えられる。

2つめは，「特殊的な他者」の心の理解にロールプレイが有用であり，さらにロールプレイの効果は正の転移を起こす可能性があることを示した点である。本研究では，ロールプレイの効果が，少なくとも成人においては正の転移を起こす可能性があることを示すことができた。実践場面においては，正の転移を起こすかどうかは非常に重要な点であるため，ロールプレイが正の転移効果を持つことを示した本研究は実践的に意義深いと考えられる。

7-3 残された課題と今後の展望

7-3-1 残された課題

本研究では，一貫してロールプレイの効果を示すことができた。しかしながら，5つの研究だけでは解明できなかった点もある。まず，ロールプレイの効果の持続性である。全ての研究において，ロールプレイはテストの直前に行われた。本研究においては，ロールプレイを行うことによるマインドリーディングという認知能力への介入効果を検討しており，その効果はみとめられたものの，持続性については未検討である。また，ロールプレイの効果の個人差については，研究2においてマインドリーディング能力の高さに着目して触れることができたが，その他の研究では扱っておらず，特に成人における個人差は検

討できていない。ロールプレイがマインドリーディングに及ぼす効果の個人差と持続性を検討することにより，実践場面における効果的なロールプレイを用いた介入についても知見を提供することができるため，教育面，実戦面において意義深いと考えられる。

　また，ロールプレイのメカニズムについては解明できなかった点が残されている。5つの研究全てにおいて，ロールプレイの効果は参加者間要因として検討した。従って，個人内でロールプレイ中，およびロールプレイ前後でどのような変化が起こっているのかについては参加者の内観報告によってしか探ることができなかった。本研究では，全ての研究において行動データを指標としていたが，眼球運動を測定したり，脳活動を測定したりすることにより，ロールプレイ中，およびロールプレイ前後で参加者の認知にどのような変化が起こっているのかということを解明することができるかもしれない。

　さらに，本研究の参加者・児は全て定型発達者・児であったため，多くの研究（e.g. Baron-Cohen et al., 1985）においてマインドリーディングの困難さが指摘されている自閉スペクトラム症者・児に対してロールプレイが効果を持つのかどうかについては未検討である。第1章でも述べたように，マインドリーディング研究において，自閉スペクトラム症には大きな関心が寄せられてきた。マインドリーディング研究において，自閉スペクトラム症者は心が読めないマインドブラインド（c.f. Baron-Cohen, 1995 長野ら訳，2002）の状態であると考えられてきたが，最近では「自発的な」マインドリーディングの障害である（c.f. Senju, 2011）と考えられるようになってきた。自閉スペクトラム症者は自閉スペクトラム症者の心は理解しやすい可能性があることも指摘されている（Komeda et al., 2013）。本研究で検討を重ねたロールプレイがマインドリーディングに及ぼす効果についても，自閉スペクトラム症者では異なる様相を示す可能性がある。

　自閉スペクトラム症者を対象としてディレクター課題を用いた研究を行ったBegger et al.（2010）は高機能自閉スペクトラム症と診断された参加者と定型発達者である参加者のディレクター課題中に，ディレクターから見て最適なオブジェクトではなく，自己にとって最適なオブジェクトを注視する時間に差がなかったという結果から，コミュニケーションにおいて自閉スペクトラム症者

がマインドリーディングに障害を持っているとは言えないのではないかという問題提起を行っている。しかしながら、一方でSantiesteban, Shah, White, Bird, & Heyes（2014）は自閉スペクトラム症者を対象として、ディレクター課題の対象をディレクターからカメラに変更した条件と、従来のディレクターの条件とを比較し差がなかったことから、自閉スペクトラム症者がマインドリーディングを用いて解いていない可能性を指摘している。Dumontheil et al.（2010）が指摘しているように、ディレクター課題は教示の方法によってはマインドリーディングを用いなくとも解答可能である。従って、自閉スペクトラム症者を対象とした研究は、課題がマインドリーディング能力を正しく測定するものとしてみなすことができるかどうかについて注意深く追試を行う必要があると考えられる。

　また、研究3、4、5では認知スタイルの異なる他者についての検討を行ったが、自閉スペクトラム症者に関しても、定型発達者と認知スタイルが異なっているという点が指摘されている（Happé, 1999）。また、認知スタイルは文化によっても異なっていることが指摘されている（Masuda & Nisbett, 2001）。本研究の参加者・児は全て日本人であり、日本語を母語としていた。5つの研究では一貫してイギリスやアメリカで行われた先行研究と比べると誤答率が低かった。Wu & Keysar（2007）は中国人とアメリカ人のディレクター課題における眼球運動を比較し、アメリカ人の方が、ディレクターに見えていないディストラクタへの注視時間が長いという自己中心的な反応であったということを示している。しかしながら、そのような文化差がなぜ現れたかという議論はまだまだ進んでいない。また、本研究における参加者のディレクター課題の成績も、主に英国で行われた先行研究における参加者の成績よりも比較的低いものであった。このような差がなぜあらわれたのかに迫るために、認知スタイルとマインドリーディングの関連について今後検討する必要がある。また、Miyamoto & Wilken（2010）は、指示者の役とそれに従う者の役を参加者に体験させた後に、認知スタイルが参加者の属する文化に優勢なものに変化する傾向を報告している。この結果からは、役割を演じることにより、認知スタイルに影響を及ぼした可能性も考えられる。そこで、ロールプレイが認知スタイルに及ぼす影響に関しても、今後実験的に検討を進めていく必要がある。

また，本研究では，児童期と成人期を対象としてロールプレイの効果を検証してきたが，それ以外の発達段階については検討できなかった。特に誤った信念課題を通過し，心の理論を獲得する時期である幼児期においてロールプレイがどのような効果をもつのかを検討することは重要であると考えられる。古見他（2014）の研究では，幼児が他児に物語の内容を説明する際，先生役を与えられた子どもは，役を与えられなかった子どもよりも，より基本的な情報をしっかりと他児に説明しようと，行動を変容させることを明らかにしたものの，ロールプレイ後のマインドリーディングにどのような影響を及ぼすかは検討されていない。ロールプレイの効果の持続性とあわせて今後検討していく必要があるだろう。さらに，研究1，2で行った「一般的な他者」の心の読み取りにおける成人と児童の差と，研究3，4で行った「特殊的な他者」の心の読み取りにおける成人と児童の差は等質ではない可能性が示唆された。従って，一般的な他者の心の読み取りの発達の軌跡と，特殊的な他者の心の読み取りの発達の軌跡の類似点と相違点をより明確にするためにも，幼児期における特殊的な他者の心の読み取りについて今後検討を行う必要がある。

7-3-2　今後の展望
　ここまで挙げてきた残された課題を解決するために，今後は幼児期における「特殊的な他者」の心の理解と「一般的な他者」の心の理解の発達に関する研究と，児童期，成人期の自閉スペクトラム症者・児を対象としてマインドリーディングの文化差を認知スタイルの観点から明らかにする比較文化研究，およびロールプレイがマインドリーディングを支えるどのような認知基盤に影響を与えるか，そしてマインドリーディングの発達プロセスに及ぼすロールプレイの効果の3つに焦点を当て，マインドリーディングとロールプレイそれぞれのメカニズムを解明する今後の研究の展望を以下に述べる。
　まず，幼児期の研究に関してであるが，Lane, Wellman, & Evans（2010）がスマーティ課題（Perner et al., 1989）を改良してさまざまな他者の心を幼児がどのように推測するかを示している。実験では，スマーティ課題における「箱の中身を知らないはずの他者」を，女の子，お母さん，ヒーローマン，神，物知りおじさんの5名を設定した。その結果，年少児はどの他者も誤った信念を

持つことを理解しなかったが，年中児は全ての他者が誤った信念を持つと解答し，年長児は女の子とお母さんは誤った信念を持つと解答するが，ヒーローマン，神，物知りおじさんは誤った信念を持たないと解答した。これは，「一般的な他者」である女の子とお母さんは箱の中身が見た目でわかるものとは異なることを知らないだろうが，「特殊的な他者」であるヒーローマン，神，物知りおじさんは「全能である」ために中身を知っていると子ども達が考えた可能性を示唆している。この研究を応用し，さらに多くの種類他者を用意し，また課題の種類もスマーティ課題以外のものを用意し，認知面だけでなく，知覚面と情動面についての他者の心の理解についても検討することでさらに多角的に幼児期の特殊的な他者の心の理解の発達にせまることができると考えられる。

　他者の心の理解能力であるマインドリーディングは第1章で述べたように，大きな概念である。そして，その下位概念としては，知覚的マインドリーディング，認知的マインドリーディング，情動的マインドリーディングが想定される（Koyasu, 2009）。これらの下位概念は相互に関連することが考えられるが，全く同じ発達モデルが適用できるかは未検討である。「一般的な他者」の心の理解と「特殊的な他者」の心の理解の発達の様相をそれぞれの下位概念で検討することによって，知覚，認知，情動における他者の心の理解の類似点と相違点を明らかにすることができると考えられる。それによって，幼児のマインドリーディング能力が明らかとなり，実践的にも意義深い研究となる。

　児童期，成人期の自閉スペクトラム症者・児と定型発達者・児を対象とした研究については，認知スタイルを中心に論じることでマインドリーディングとロールプレイの関係に関して新たなモデルを構築することが期待できる。DSM-5（American Psychiatric Association, 2013）によると，自閉スペクトラム症とは社会性の障害と限局的な興味や注意を持つことを特徴とする発達障害であり，マインドリーディングが苦手であることが知られている（Baron-Cohen, 1995 長野ら訳，2002）。自閉スペクトラム症者がマインドリーディングを苦手とする1つの理由として，自閉スペクトラム症に特徴的な認知スタイルである「弱い中枢性統合（weak central coherence）」（Frith & Happé, 1994）が指摘されている（綾屋・熊谷，2008など）。これは，自閉スペクトラム症者は多くの情報を1つにまとめることに困難を示すという特徴であり，社

会生活においては，このような認知スタイルは目や口の形を総合的に判断する必要のある表情からの感情の読み取りを困難にしたり，字義通りの意味に加えて文脈情報を統合する必要のある皮肉や比喩の理解を困難にしたりすると考えられる（Happé, 1999など）。

　しかしながら，自閉スペクトラム症における「弱い中枢性統合」の研究は，主に欧米圏での研究チームが中心となって進められてきた。しかしながら，Koh & Milne（2012）は，英国とシンガポールの定型発達児と自閉スペクトラム症児を対象として，中枢性統合に関連する課題を行ったところ，英国の子どもでは，弱い中枢性統合仮説に従う結果が得られた一方で，シンガポールの子どもでは追認できなかった。比較文化研究においては，西洋人は部分や主となるものに着目する「分析的思考（analytic thought）」が優勢である一方で，東洋人は全体や背景にも着目する「包括的思考（holistic thought）」が優勢であることが指摘されており（Masuda & Nisbett, 2001），Koh & Milne（2012）はこの理論と自閉スペクトラム症研究における「弱い中枢性統合」の理論との共通性を指摘している。実際，Wu & Keysar（2007）は定型発達成人では，東洋人は西洋人よりもマインドリーディング能力が高いことを示している。これらの理論を包括して検討することで，自閉スペクトラム症者－定型発達者，東洋－西洋文化の要因とマインドリーディングとの関連について詳細に調べることができると考えられる。

　また同時に，自閉スペクトラム症者の認知スタイルを理解する有力な考え方としては共感化－システム化理論（Baron-Cohen, 2008）も指摘されている。これは，他者の心を読むという認知的な共感と，他者の気持ちに対して適切な情緒的反応を返すという感情的共感を合わせた「共感能力」と，規則性やルールを見つけ出し，システム化する「システム化能力」の観点から自閉スペクトラム症者の認知スタイルを捉えるものである。自閉スペクトラム症者は共感能力が標準より低く，システム化能力が標準より高いということが主張されている（Baron-Cohen, 2008）。

　今後の研究では，先行研究で挙げられてきた理論間の関連を整理し，認知スタイルがどのようにマインドリーディングに影響するのか，2つの認知スタイル（包括的／分析的，共感化／システム化）を軸とした包括的なモデルを構築

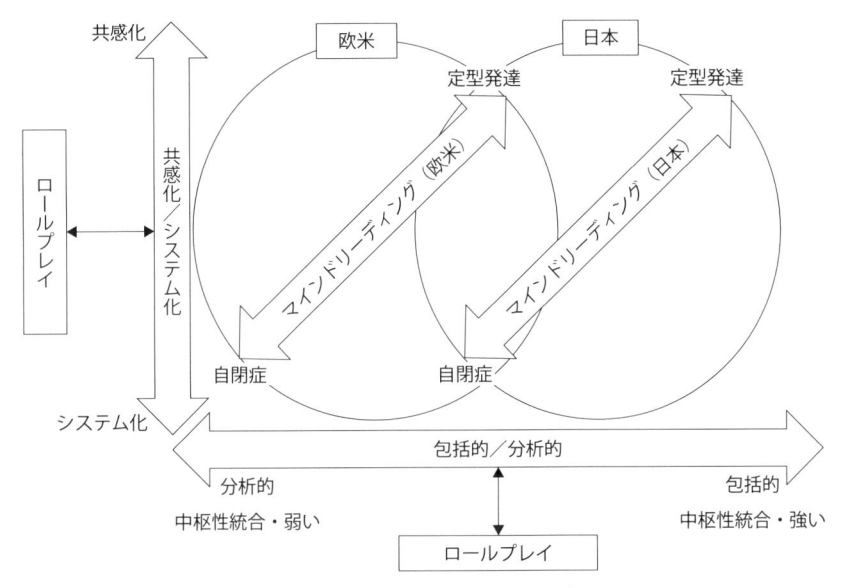

Figure 7-1. 想定される重層的モデル

することにより，各文化における自閉スペクトラム症像を明らかにできると考えられる。また，Miyamoto & Wilken (2010) が指摘しているように，役割を演じることにより，認知スタイルが変容する可能性から，認知スタイルの観点から検討することによって，ロールプレイがマインドリーディングになぜ影響を及ぼすのかという点についてもせまることができると考えられる。

具体的に筆者が想定する重層的モデルを Figure 7-1 に示した。縦に共感化／システム化の軸，横に包括的／分析的の軸を設置しており，それに基づき，右側に包括的思考が優勢である日本，左側に分析的思考が優勢である欧米 (Masuda & Nisbett, 2001) の国を想定している。包括的，かつ共感化が優位である右上に位置する人々を，マインドリーディング能力の高い定型発達者，分析的かつ，システム化が優位である左下に位置する人々をマインドリーディング能力に困難を示す自閉スペクトラム症者と仮定した場合に，マインドリーディング能力による軸（各文化における斜めの矢印）と，共感化／システム化，包括的／分析的の2軸の認知スタイルの関連を示した重層的モデルである。

このモデルが示すのは，マインドリーディング能力は2軸の認知スタイルで

説明されるということである。共感化認知スタイル，包括的認知スタイルが強いとマインドリーディング能力も高くなるが，一方でシステム化認知スタイル，分析的認知スタイルが強くなるとマインドリーディング能力に困難を示す。また，欧米と日本の2つのマインドリーディング能力による軸が表しているのは，それぞれの文化で得意とするマインドリーディングが異なっている可能性である。これまでの研究では，日本人幼児は誤った信念課題の通過が欧米の幼児に比べて遅いことが指摘されてきた（Naito & Koyama, 2006; 東山, 2007; Wellman et al., 2001)。一方で，本研究における日本人のディレクター課題の成績は英国で行われた先行研究（Dumontheil et al., 2010）における英国人の成績よりも高かった。この結果からは，各文化において得意とするマインドリーディング課題の種類が異なっている可能性が考えられる。Figure 7-1 に挙げた重層的モデルを検討することにより，これまで検討されていないマインドリーディングの文化差がなぜ起こるのかということにも迫ることができる可能性がある。さらに，ロールプレイが2軸の認知スタイルのそれぞれに及ぼす影響を分離して捉えることにより，ロールプレイがなぜマインドリーディングにポジティブな影響を及ぼすのかについて明らかにすることができる。

　発達の定型性を加味した仮説をまとめると，定型発達者同士，自閉スペクトラム症者同士，比較すると，共感化／システム化の認知スタイルには差がないが，包括的／分析的の認知スタイルの軸で考えると，日本人の方が欧米人よりも包括的な認知スタイルを持つが一方で，欧米の定型発達者と日本の自閉スペクトラム症者を比較すると，包括的／分析的の認知スタイルの軸で考えると差はないが，共感化／システム化の認知スタイルには差があるというものである。また，ロールプレイに関しては，共感化／システム化の認知スタイルと包括的／分析的の認知スタイルのどちらにも影響を及ぼすが，それはロールプレイの種類に依存するという仮説を立てている。

　そして，ロールプレイがマインドリーディングの発達プロセスに及ぼす影響について，詳細に検討する必要がある。Apperly（2011）は，マインドリーディングの発達プロセスについて，効率が良いが，融通のきかない「低次マインドリーディング（lower-level mindreading）」と融通がきくが，努力が必要な「高次マインドリーディング（higher-level mindreading）」の2種類を仮定

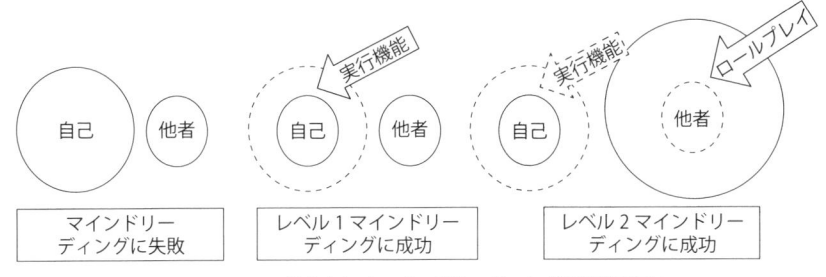

7-3 残された課題と今後の展望　119

Figure 7-2. 想定されるマインドリーディングの発達モデル

し，乳児期に低次マインドリーディングを獲得し，誤った信念課題通過の発達段階で高次マインドリーディングを獲得し始めるというモデルを想定した。そして，実行機能の向上と社会経験の積み重ねによりマインドリーディング能力が発達することにより，高次マインドリーディングで他者の心の理解を行わなければならなかった状況でも，低次マインドリーディングのプロセスで可能になるという理論を考案した。筆者は，このモデルのうち，幼児期以降のマインドリーディングのみに着目し[1]，さらに発展したモデルを提案する。本研究において，研究1と3の成人を対象とした実験では，ロールプレイあり群において反応時間の向上が見られたのは，ロールプレイによって，負荷のかかるマインドリーディングで解決しなければならない課題が，より負荷の少ないマインドリーディングで可能になったためであるかもしれない。それに対して，研究5では反応時間の差がはっきりとは見られなかったのは，研究5のディレクター課題がさまざまな条件を含んでおり，柔軟性を必要としており，負荷の少ないマインドリーディングで行うことが不可能であった可能性がある。これらをもとに，筆者が想定するモデルを表したものがFigure 7-2である。

　Figure 7-2のモデルは以下の仮説から成り立っている。幼児期以降のマインドリーディングを成功させるためには，「他者の心的状態を賦活させること」と「自己の心的状態の賦活を抑制すること」の2つが必要であると仮定した時，

---

[1] 乳児期はピアジェの発達段階仮説（Piaget, 1970 中垣訳, 2007）における感覚運動期にあたり，自己と他者が未分離な「自己中心性」をもつとされている。また，乳児期のマインドリーディングは幼児期以降のマインドリーディングとは質が異なるものであると考えられる（Low & Perner, 2012など）。ここでは，幼児期以降のマインドリーディングのみのモデルを想定し，議論を進める。

「自己の心的状態の賦活を抑制すること」には実行機能が関連していると考えられている（Moses, 2001 など）。従って，誤った信念課題通過以前では，自己の心的状態が他者の心的状態よりも強く賦活している状況であると考えられる。そして誤った信念課題を通過するためには，実行機能の発達が必要であり，実行機能が発達することにより自己の心的状態の賦活の抑制に成功し，正しくマインドリーディングを行うことが可能になる（レベル1マインドリーディングに成功）。一方で，その後の発達においては，ロールプレイによって他者の心的状態の賦活が自己の心的状態の賦活よりも強くなると仮定すると，ロールプレイ後のマインドリーディングには，ロールプレイ前のマインドリーディングよりも，必要となる抑制能力が小さくなると考えられる（レベル2マインドリーディングに成功）。このような仮説を検証し，マインドリーディングのメカニズムをさらに解明することが必要であるだろう。

　これらの仮説を検証していくことにより，マインドリーディングの発達経路とメカニズムを明らかにしていくことが，今後の課題である。

7-4　おわりに

　人は日常生活において絶えず他者の心を読み取って生活しており，他者の心を読み取ることに失敗することを「空気が読めない」と言って非難することもある。暗黙のうちに他者の心を読み取って行動することは必須となっているのである。

　自閉スペクトラム症者はマインドリーディングに困難を示すことが指摘されてきたが，コミュニケーションに悩んでいる人は自閉スペクトラム症者のみではなく，コミュニケーションに悩み自殺を考える若者もいる（斎藤，2012）。また，幼稚園や保育所においても「気になる子」を担当する教育者は悩みを抱えている（郷間・圓尾・宮地・池田・郷間，2008）。保育者が「気になる子」として認識する子どもの多くは，「多動である」というADHD的特徴をもつ子どもに並び，「集団行動が苦手」や「こだわり行動」「コミュニケーションが苦手」といった自閉スペクトラム症的特徴を持つ子どもである（田中，2009）。

　しかしながら，コミュニケーションは誰かに教えられて身に付くものではな

く，Apperly（2011）が指摘しているように社会経験の積み重ねが重要である。本研究においては，社会経験の積み重ねといった漠然とした概念の中から，ロールプレイという一つの経験のあり方を見いだし，その効果を明らかにしてきた。だが，ロールプレイのメカニズムはまだ明らかではなく，また，ロールプレイによってどこまでマインドリーディングの能力が発達する可能性があるのかはわからない。

そして，他者の心を読み取ることが完全にできるようになることが本当に幸福につながるのかもわからない。自他の心の理解や自他の心の調整を含めた概念である情動知能（Salovey & Mayer, 1990）の概念に関する研究においても，近年は情動知能が高いことが必ずしも良い側面のみを持つわけではないことが指摘されている（Nagler, Reiter, Furtner, & Rauthmann, 2014）。子安（2000）が指摘しているように，マインドリーディングの能力も負の側面があり，悪意を持つことのない心の理論未獲得の子どもが，心の理論の獲得以後は悪意も理解し，悪意を持つことも可能になるのである。「心の教育」「心への介入」が重要視されるようになってきた今日，本研究ではロールプレイがマインドリーディングに及ぼすポジティブな効果に焦点を当ててきたが，今後の研究においてその他のポジティブではない面についても検討を重ねてロールプレイのメカニズムをより明らかにしていくことが必要であろう。

付録1．心の理解課題のストーリーと質問
（研究2，4：子安他（1998）の課題を使用）

◆◆◆

二次の誤った信念課題
［ストーリー］
　ここは，イヌさんのおうちです。イヌさんは，太鼓を箱から取り出して遊びました。イヌさんは，太鼓を箱にしまって出ていきました。ネコさんが遊びにやってきました。ネコさんは，太鼓を箱から出して遊びました。ネコさんは，太鼓をカバンに入れました。その様子を，イヌさんが窓の外から見ていたのですが，ネコさんはそのことに気付いていません。イヌさんが，もう一度太鼓で遊ぼうと思って部屋に入りました。

［質問］
信念質問：ネコさんは，イヌさんがどこを探すと思っていますか。
現実質問：本当は今，太鼓はどこにありますか。
記憶質問：最初，イヌさんは太鼓をどこにしまいましたか。

うそと皮肉の区別
［お話①］
1. （兄弟がキッチンで母親と話をしている絵）こうたくんとみつぐくんのきょうだいは，野球をしに行きたいと思っています。しかし，お母さんは「まず，おへやのかたづけをしなさい」と言いました。
2. （こうたくんが散らかった部屋でマンガを読んでいる絵）弟のみつぐくんは，さっさとへやのかたづけをしました。しかし，お兄さんのこうたくんは，マンガをよんでいて，へやのかたづけをしませんでした。
3. （みつぐくんがキッチンで母親と話をしている絵）みつぐくんは，お母さんに「おにいちゃんは大そうじをしたよ」と言いました。

［お話②］
1. （兄弟がキッチンで母親と話をしている絵）わたるくんとりきやくんのきょうだいは，サッカーをしに行きたいと思っています。しかし，お母さんは「まず，おへやのかたづけをしなさい」と言いました。
2. （わたるくんが散らかった部屋でテレビゲームをしている絵）弟のりきやくんは，さっさとへやのかたづけをしました。しかし，お兄さんのわたるくんは，テレビゲームをしていて，へやのかたづけをしませんでした。
3. （わたるくんが散らかった部屋でテレビゲームをしている前で，りきやくんが母親と話をしている絵）りきやくんは，お母さんに「おにいちゃんは大そうじをしたね」と言いました。

［質問］
（1）おとうとが「いやみ」を言っているのは，お話①のみつぐくんでしょうか。それとも，お話②のりきやくんでしょうか。次の1または2のどちらかの数字に○をつけてください。
　　1．お話①のみつぐくん
　　2．お話②のりきやくん
（2）あなたは，どうしてそう思いましたか。

責任性の理解
［お話①］
1. （女の子二人が話をしている絵）さおりさんは，ちずるさんに「学校から帰ったらプールに行くつもりよ」といいました。ちずるさんは，「それなら，わたしも行く」と言い，ふたりはプールで会うやくそくをしました。
2. （片方の女の子が他の女の子と家で遊んでいる絵）しかし，家に帰ったさおりさんは，べつの友達が家にあそびにきたので，プールに行かずにいっしょにあそびました。
3. （もう一人の女の子がプールで寂しそうにしている絵）ちずるさんは，

プールでまちぼうけとなり，とてもかなしい気もちになりました。

［お話②］
1. （女の子二人が話をしている絵）まりかさんは，やすよさんに「学校から帰ったらプールに行くつもりよ」と言いました。やすよさんは，「わたしも行きたいけど，ピアノのおけいこがあるので行けないの」と答えました。
2. （女の子が電話にでている絵）やすよさんが家にかえると，ピアノの先生から電話で「きょうは，きゅうにおけいこができなくなりました」と言われました。
3. （女の子が歩いている絵）そこで，やすよさんは，プールにでかけました。
4. （もう一人の女の子が部屋でテレビを見ている絵）しかし，家に帰ったまりかさんは，テレビでおもしろい番組をやっていたので，プールに行かずにテレビを見ました。
5. （プールに行った女の子が寂しそうにしている絵）やすよさんはプールでまちぼうけとなり，とてもかなしい気もちになりました。

［質問］
（1） プールに行かなかったさおりさんとまりかさんは，どちらかがよりよくないことをしたでしょうか。それとも，同じくらいよくないことをしたのでしょうか。1から3までの数字のどれかに○をしてください。
　　1．さおりさんの方がよくない。
　　2．まりかさんの方がよくない。
　　3．どちらも同じくらいよくない。
（2） あなたは，どうしてそう思いましたか。

付録2　ディレクター課題（遮蔽）の教示文
　　　（研究1，研究2，研究5）

◆◆◆

1. これから始まるゲームは「ウサギのなんでもやさんゲーム」です。
2. なんでもやさんでは，店長が店員に注文を伝え，店員は注文された品物を棚の中から取り出すということをしています。
3. このなんでもやさんでは，少し変わった棚を使っています。どんな棚なのか見てみましょう。

〈例刺激挿入〉

4. 棚がどうなっているかわかりましたか？

［ロールプレイあり教示］

5. 今から，あなたはなんでもやさんの店長です。この青いバッジを着けてください。お客さんからの注文のメモを渡していきますので，「注文は〇〇」と店員のウサギさんに伝えてください。そして，ウサギさんがちゃんと正しいものをとることができるのかを見ていてあげてください。

〈ロールプレイ挿入〉

6. ウサギさんは注文されたものを正しくとっていましたか？
7. それではウサギさんと役を交代します。
8. 今度はあなたが店長の役です。

［ロールプレイなし教示］

5'. それではもう少し詳しく説明します。

〈アニメーション挿入〉

6'. ゲームのルールはわかりましたか？
7'. それではウサギさんと場所を交代します。
8'. あなたは今から店長役です。

付録2　ディレクター課題（遮蔽）の教示文（研究1，研究2，研究5）

[共通の教示]
9．もう一度棚がどうなっているか確認しましょう。

〈例刺激挿入〉
10．店長のウサギさんは今からあなたに「注文は○○」と言ってきますので注文の品物を取り出してください。
11．ものを取りたいときは画面上でタッチをすると取ることができます。お客さんを待たせてしまわないように，なるべく早く取り出してください。
12．ウサギさんからはどのように見えているかをしっかり考えてタッチしてください。

この後，練習試行を行った。

付録3　ディレクター課題（色）の教示文
（研究3，研究4，研究5）

◆◆◆

1. 今回やっていただくのは「なんでもやさん」ゲームです。
2. なんでもやさんでは，店長が店員に注文を伝え，店員は注文された品物を棚の中から取り出すということをしています。
3. それでは，サルさん，イヌさん，あなたでなんでもやさんゲームをしていただきます。
4. サルさんはヒトと同じように色が見えていますが，イヌさんはヒトとは違う色の見え方をしています。サルさん，イヌさんがどのように見えているかを見てみましょう。

〈例刺激挿入〉

5. サルさん，イヌさんからものがどのように見えているかわかりましたか？

［ロールプレイあり教示］

6. 今から，あなたはなんでもやさんの店長です。お客さんからの注文のメモを渡していきますので，「注文は○○」と店員のサルさんに伝えてください。同時にあなたにはイヌさんの役をやっていただきます。イヌさんの見え方でサルさんに注文をしてもらうのでサルさんはあなたが思っているものを取るかどうかよく見ていてください。

〈ロールプレイ挿入〉

7. サルさんはあなたが思っているものを取ってくれましたか？
8. 今度はあなたが店員役，サルさんとイヌさんが店長役です。

［ロールプレイなし教示］

6'. それでは私（実験者）がイヌ店長役で店員のサルさんに注文をしたらど

うなるかを見ていただきます。
〈アニメーション挿入〉
　7′. ゲームのルールはわかりましたか？
　8′. 今度はあなたが店員役，サルさんとイヌさんが店長役です。

［共通の教示］
　9. サルさんとイヌさんは今からあなたに「注文は○○」と言ってきますので注文の品物を取り出してください。
　10. ものを取りたいときは画面上でタッチをすると取ることができます。お客さんを待たせてしまわないように，なるべく早く取り出してください。
　11. イヌさんはあなたとは異なる色の見え方であることに気をつけてください。

この後，練習試行を行った。

本書と公刊されている論文との対応

本書は，公刊されているものと未発表のものとで構成されている。以下にその対応について記す。なお，公刊されているものについては加筆・修正を行っている。

第1章　マインドリーディングの発達とロールプレイの効果
古見文一（2014）．ディレクター課題を用いたマインドリーディングの発達研究の展望．京都大学大学院教育学研究科紀要，60, 467-479.

第2章　研究1：ロールプレイで高める特殊な状況での他者理解（成人）
古見文一・子安増生（2012）．ロールプレイ体験がマインドリーディングの活性化に及ぼす効果．心理学研究, 83, 18-26.

第3章　研究2：ロールプレイで高める特殊な状況での他者理解（児童）
古見文一（2013）ロールプレイ体験がマインドリーディングの活性化に及ぼす効果の発達的研究．発達心理学研究, 24, 308-317.

第4章　研究3：ロールプレイで高める特殊な他者の心の理解（成人）
Furumi, F. & Koyasu, M. (2013). Role-play experience facilitates reading the mind of individuals with different perception. *PLoS ONE*, 8 (9), e74899. doi: 10.1371/ journal.pone.0074899.

第5章　研究4：ロールプレイで高める特殊な他者の心の理解（児童）
Furumi, F. & Koyasu, M. (2014). Role-play facilitates children's mindreading of those with atypical color perception. *Frontiers in Psychology* 5:817. doi: 10.3389/fpsyg.2014.00817.

第6章　研究5：ロールプレイの転移効果
未発表

第7章　総合考察
未発表

謝　辞

　本書は，筆者が京都大学大学院教育学研究科において，2010年から2014年にかけて実施した研究をまとめ，2014年度に京都大学に提出した博士論文に若干の修正を加えたたものです。

　筆者の指導教員である京都大学大学院教育学研究科教授　子安増生先生には，大学院入学以前から今日に至るまで，終始暖かく見守っていただき，丁寧なご指導をいただきました。先生には，筆者が自由に研究できるように，ここには書き尽くせない程色々な面でサポートしていただきました。また筆者の突拍子もないアイデアを一緒に洗練してくださり，そして，筆者を研究者として良い方向に導いてくださったからこそ，本書をまとめることができたのだと思っております。これまでのご指導に，心より御礼申し上げます。

　本書に収録した研究を進めるにあたり，多くの方々のお世話になりました。

　筆者の学部生時代の指導教員である京都大学大学院文学研究科教授　藤田和生先生，副指導教員である同・教授　板倉昭二先生には卒業論文の指導において筆者の研究の基礎を築いていただきました。

　京都大学こころの未来研究センター教授　吉川左紀子先生，京都大学大学院教育学研究科教授　楠見孝先生，同教授　Emmanuel Manalo 先生，同准教授　齊藤智先生，同准教授　野村理朗先生，同特定准教授　高橋雄介先生には，授業を通して貴重なコメントをいただきました。心より御礼申し上げます。京都大学大学院教育学研究科教授　明和政子教授には修士論文の審査において貴重なご指導とご助言をいただきました。

　子安研究室の先輩である溝川藍さん（現・明治学院大学心理学部）には，本書完成だけでなく，さまざまな面で筆者の研究にアドバイスをいただき，また励ましをいただきました。小山内秀和さんと枡田恵さんは幼稚園で行った研究を共に行い，筆者の研究をサポートしてくださいました。また，小山内さんは共同研究者としても筆者の研究を支えてくださり，また本論文の草稿にも多くの示唆に富んだコメントをいただきました。御礼申し上げます。教育認知心理学講座の先輩，同期，後輩の全ての皆様から研究面でも個人的にも多くのサ

謝辞

ポートをいただきました。記して感謝申し上げます。

　神戸大学大学院人間発達環境学研究科教授　木下孝司先生をはじめ木下研究室の皆さまに感謝いたします。

　ロンドン大学バークベック校リーダー　Iroise Dumontheil 先生には筆者が研究をスタートした頃に快く実験刺激とプログラムをご提供いただきました。御礼申し上げます。

　本研究は，多くの大学生の皆さんと小学生の皆さんに参加者として実験にご協力いただいて完成しました。ご協力いただきました神戸市東川崎児童館の藤晴美先生，そして調査に参加してくださった子どもたちとサポートくださった先生方，保護者の方々に心より御礼申し上げます。京都府私立洛陽幼稚園，洛陽第二幼稚園の土屋英津子先生には，筆者が週に一度幼稚園を見学することをご快諾いただき，また幼稚園での調査にもご協力いただきました。感謝申し上げます。

　本書の研究の一部は，平成24年度〜26年度文部科学省科学研究費補助金（特別研究員奨励費，課題番号24・4681）の助成を受けました。また，本書の刊行に際して，「京都大学総長裁量経費・若手研究者出版助成事業」の助成を受けました。

　最後に，筆者が研究を続けていくことを受け入れ，ここまで応援し，育み支えてくれた父　古見常雄と母　古見公子に限りなく深い感謝を申し上げます。

　ここに重ねて厚く謝意を表し，謝辞といたします。

古見文一

引用文献

American Psychiatric Association. (2000). *Diagnostic and statistical manual of mental disorders* (4th ed., text rev.). Washington, DC: Author.

American Psychiatric Association. (2013). *Diagnostic and statistical manual of mental disorders* (5th ed.). Washington, DC: Author.

Apperly, I. A. (2011). *Mindreaders: The cognitive basis of "theory of mind"*. London: Psychology Press.

Apperly, I. A., Carroll, D. J., Samson, D., Humphreys, G. W., Qureshi, A., & Moffitt, G. (2010). Why are there limits on theory of mind use? Evidence from adults' ability to follow instructions from an ignorant speaker. *The Quarterly Journal of Experimental Psychology, 63*, 1201-1217.

Astington, J. W. & Jenkins, J. M. (1995). Theory of mind development and social understanding. *Cognition and Emotion, 9*, 151-165.

綾屋紗月・熊谷晋一郎 (2008). 発達障害当事者研究―ゆっくりていねいにつながりたい. 東京：医学書院.

Baron-Cohen, S. (1995) *Mindblindness: An essay on autism and theory of mind*. Cambridge, MA: The MIT Press. (バロン-コーエン, S. (2002). 自閉症とマインド・ブラインドネス（長野 敬・長畑正道・今野義孝（訳））. 東京：青土社.)

Baron-Cohen, S. (2008). *Autism and Asperger syndrome*. Oxford: Oxford University Press.

Baron-Cohen, S., Leslie, M. A., & Frith, U. (1985). Does the autistic child have a "theory of mind"? *Cognition, 21*, 37-46.

Baron-Cohen, S., O'Riordan, M., Stone, V., Jones, R., & Plaisted, K. (1999). Recognition of faux pas by normally developing children and children with Asperger syndrome or high-functioning autism. *Journal of Autism and Developmental Disorders, 29*, 407-418.

Baron-Cohen, S. & Wheelwright, S. (2004). The empathy quotient: An investigation of adults with Asperger syndrome or high functioning autism, and normal sex differences. *Journal of Autism and Developmental Disorders, 34*, 163-175.

Begeer, S., Malle, B. F., Nieuwland, M. S., & Keysar, B. (2010). Using theory of mind to represent and take part in social interactions: Comparing individuals with high-functioning autism and typically developing controls. *European Journal of Developmental Psychology, 7*, 104-122.

別府 哲・野村香代 (2005). 高機能自閉症児は健常児と異なる「心の理論」をもつのか：「誤った信念」課題とその言語的理由付けにおける健常児との比較. 発達心理学研究, 16, 257-264.

Birch, J. (2012). Worldwide prevalence of red-green color deficiency. *Journal of the Optical Society of America A, 29*, 313-320.

Carlson, S. M. & Moses, L. J. (2001). Individuals differences in inhibitory control and

children's theory of mind. *Child Development*, 72, 1032-1053.
Dumontheil, I., Apperly, A. I., & Blakemore, J. S. (2010). Online usage of theory of mind continues to develop in late adolescence. *Developmental Science*, 13, 331-338.
Dumontheil, I., Hillebrandt, H., Apperly, I. A., & Blakemore, S. J., (2012). Developmental differences in the control of action selection by social information. *Journal of Cognitive Neuroscience*, 24, 2080-2095.
Dumontheil, I., Küster, O., Apperly, I. A., & Blakemore, J. S. (2010). Taking perspective into account in a communicative task. *NeuroImage*, 52, 1574-1583.
Epley, N., Morewedge, C. K., & Keysar, B. (2004). Perspective taking in children and adults: Equivalent egocentrism but different correction. *Journal of Experimental Social Psychology*, 40, 760-768.
Flavell, J. H., Everett, B. A., Croft, K., & Flavell, E. R. (1981). Young children's knowledge about visual-perception — further evidence for the Level 1 — Level 2 distinction. *Developmental Psychology*, 17, 99-103.
Frith, U. & Happé (1994). Autism: Beyond "theory of mind." *Cognition*, 50, 115-132.
Frith, U., Happé, F., & Siddons, F. (1994). Autism and theory of mind in everyday life. *Social Development*, 3, 108-124.
古見文一 (2013). 職業体験型テーマパークにおけるセールスドライバーのロールプレイ体験に伴う参加児童の発話分析. 京都大学大学院教育学研究科紀要, 59, 193-206.
古見文一・小山内秀和・大場有希子・辻 えりか (2014). 他児の知識状態や自己の役割が幼児の発話の変化に及ぼす影響：絵本の読み聞かせ場面を用いて. 発達心理学研究, 25, 313-322.
郷間英世・圓尾奈津美・宮地知美・池田友美・郷間安美子 (2008). 幼稚園・保育園における「気になる子」に対する保育場の困難さについての調査研究. 京都教育大学紀要, 113, 81-89.
Happé, F. G. E. (1994). An advanced test of theory of mind: Understanding of story characters' thoughts and feelings by able autistic, mentally handicapped, and normal children and adults. *Journal of Autism and Developmental Disorders*, 24, 129-154.
Happé, F. (1995). The role of age and verbal ability in the theory of mind task performance of subjects with autism. *Child Development*, 66, 843-855.
Happé, F. (1999). Autism: Cognitive deficit or cognitive style? *Trends in Cognitive Science*, 3, 216-222.
Happé, F., Brownell, H., & Winner, E. (1999). Acquired 'theory of mind' impairments following stroke. *Cognition*, 70, 211-240.
林 創 (2002). 児童期における二次的な心的状態の理解. 教育心理学研究, 50, 43-53.
金山元春・中台佐喜子・江村理奈・前田健一 (2005). 中学校における職場体験学習と連動したソーシャルスキル教育. 広島大学心理学研究, 5, 131-148.
金子隆芳 (1995). 新しい学校教育用色覚検査表：「色のなかまテスト」. 日本色彩学会誌, 19, 71-72.

片山伸子・高田　薫・渋谷郁子・吉本朋子・川那部隆司・高木和子（2010）．幼児のふり遊びの共有における協約性と言語発達の検討．立命館人間科学研究, 21, 163-172.

Keysar, B., Barr, D. J., Balin, J. A., Brauner, J. S., (2000). Taking perspective in conversation: The role of mutual knowledge in comprehension. *Psychological Science*, 11, 32-38.

Keysar, B., Lin, S., & Barr, D. J. (2003). Limits on theory of mind use in adults. *Cognition*, 89, 25-41.

Koh, H. C. & Milne, E. (2012). Evidence for a cultural influence on field-independence in autism spectrum disorders. *Journal of Autism and Developmental Disorders*, 42, 181-190.

Komeda, H., Kawasaki, M., Tsunemi, K., & Kusumi, T. (2009). Differences between estimating protagonists' emotions and evaluating readers' emotions in narrative comprehension. *Cognition & Emotion*, 23, 135-151. doi:10.1080/02699930801949116.

Komeda, H., Kosaka, H., Saito, D. N., Inohara, K., Munesue, T., Ishitobi, M., Sato, M., & Okazawa, H. (2013). Episodic memory retrieval for story characters in high-functioning autism. *Molecular Autism*, 4. doi:10.1186/2040-2392-4-20.

Koyasu, M. (1997). Can visual feedback effect perspective-taking behavior in young children? *Psychologia*, 40, 91-103.

子安増生（1999）．幼児期の他者理解の発達―心のモジュール説による心理学的検討―．京都：京都大学学術出版会．

子安増生（2000）．心の理論：心を読む心の科学．東京：岩波書店．

Koyasu, M. (2009). Young children's development of understanding self other and language. 京都大学大学院教育学研究科紀要, 55, 1-13.

子安増生（2011）．自己と他者：発達的アプローチ．子安増生・大平英樹（編），ミラーニューロンと心の理論（pp. 1-20），東京：新曜社．

子安増生・西垣順子・服部敬子（1998）．絵本形式による児童期の〈心の理解〉の調査．京都大学教育学部紀要, 44, 1-23.

Lane, J. D., Wellman, H. M., & Evans, E. M. (2010). Children's understanding of ordinary and extraordinary minds. *Child Development*, 81, 1475-1489.

Light, P., & Nix, C. (1983). Own view versus good view in a perspective-taking task. *Child Development*, 54, 480-483.

Lillard, A. S., Lerner, M. D., Hopkins, E. J., Dore, R. A., Smith, E. D., & Palmquist, C. M. (2013). The impact of pretend play on children's development: Review of the evidence. *Psychological Bulletin*, 139, 1-34.

Lin, S., Keysar, B., & Epley, N. (2010). Reflexibly mindblind: Using theory of mind to interpret behavior requires effortful attention. *Journal of Experimental Social Psychology*, 46, 551-556.

Low, J. & Perner, J. (2012). Implicit and explicit theory of mind: State of the art. *British Journal of Developmental Psychology*, 30, 1-13.

Maehara, Y. & Saito, S. (2011). I see into your mind too well: Working memory adjusts the probability of others' mental states. *Acta Psychologica*, **138**, 367-375.

Mant, C. & Perner, J. (1988). The child's understanding of commitment. *Developmental Psychology*, **24**, 343-351.

Masuda, T. & Nisbett, R. E. (2001). Attending holistically vs. analytically: Comparing the context sensitivity of Japanese and Americans. *Journal of Personality and Social Psychology*, **81**, 922-934.

McDonald, L. & Stuart-Hamilton, I. (2002). Egocentrism in older adults: Piaget's three mountain task revised. *Educational Gerontology*, **28**, 35-43.

Miyamoto, Y. & Wilken, B. (2010). Curturally contingent situated cognition: Influencing others fosters analytic perception in the U.S. but not in Japan. *Psychological Science*, **21**, 1616-1622.

溝川 藍・子安増生 (2008). 児童期における見かけの泣きの理解の発達：二次的誤信念の理解との関連の検討. 発達心理学研究, **19**, 209-220.

Moll, H. & Tomasello, M. (2006). Level 1 perspective- taking at 24 months of age. *British Journal of Developmental Psychology*, **24**, 603-613.

Moll, H. & Tomasello, M. (2007). How 14- and 18- month-olds know what others have experienced. *Developmental Psychology*, **43**, 309-317.

森野美央 (2005). 幼児期における心の理論発達の個人差，感情理解発達の個人差，及び仲間との相互作用の関連. 発達心理学研究, **16**, 36-45.

Moses, L. J. (2001). Executive accounts of theory-of-mind development. *Child Development*, **72**, 688-690.

村井嘉子・堅田智香子・加藤亜妃子・彦 聖美・藤田三恵・田村幸恵・丸岡直子・川島和代 (2011). 看護実践力の向上を支援するためのシナリオ学習教材の開発. 石川看護雑誌, **8**, 93-101.

武藏博文・松本奈緒美・山本かおり・水内豊和 (2010). 発達障害児童を対象としたソーシャルスキル・トレーニングの効果—感情のコントロールを中心としたソーシャルスキルの獲得をめざして—. 香川大学教育実践総合研究, **20**, 71-84.

Nadig, S. A. & Sedivy, C. J. (2002). Evidence for perspective-taking constraints in children's on-line reference resolution. *Psychological Science*, **13**, 329-336.

Nagler, U. K. J., Reiter, K. J., Furtner, M. R., & Rauthmann, J. F. (2014). Is there a "dark intelligence"? Emotional intelligence is used by personalities to emotionally manipulate others. *Personality and Individual Differences*, http://dx.doi.org/10.1016/j.paid.2014.01.025.

Naito, M., & Koyama, K. (2006). The development of false-belief understanding in Japanese children: Delay and difference? *International Journal of Behavioral Development*, **30**, 290-304.

Nilsen, E. S., Buist, T. A. M., Gillis, R., & Fugelsang, J. (2013). Communicative perspective-taking performance of adults with ADHD symptoms. *Journal of Attention*

Disorders, 17, 589-597.
岡部正隆・伊藤 啓 (2002). 色覚の多様性と色彩バリアフリーなプレゼンテーション. 細胞工学, 21, 1080-1104.
奥田健次・井上雅彦 (2002). 自閉症児における自己／他者知識に関する状況弁別の獲得と般化. 発達心理学研究, 13, 51-62.
面高有作・柴山謙二 (2008). 今日の大学生の対人関係に及ぼすロールプレイングの効果. 熊本大学教育学部紀要. 人文科学, 57, 129-144.
面高有作・柴山謙二 (2009). ロールプレイングによる大学生の対人関係の変化. 熊本大学教育学部紀要. 人文科学, 58, 121-134.
Onishi, K. H. & Baillargeon, R. (2005). Do 15-months-old infants understand false-belief? *Science*, 308, 255-258.
Oyserman, D. & Lee, S. W. S. (2008). Does culture influence what and how we think? Effects of priming individualism and collectivism. *Psychological Bulletin*, 134, 311-342.
Perner, J., Frith, U., Leslie, A. M., & Leekam, S. R. (1989). Exploration of the autistic child's theory of mind: Knowledge, belief, and communication. *Child Development*, 60, 689-700.
Perner, J., Leekam, S. R., & Winner, H. (1987). Three-year olds' difficulty with false belief: The case for a conceptual deficit. *British Journal of Developmental Psychology*, 5, 125-137.
Perner, J. & Ruffman, T. (2005). Infant's insight into the mind: How deep? *Science*, 308, 214-216.
Perner, J. & Wimmer, H. (1985). "John thinks that Mary thinks that…" Attribute of second-order beliefs by 5-to 10-year-old children. *Journal of Experimental Child Psychology*, 39, 437-471.
Piaget, J. & Inhelder, B. (1948). *La representation de l'espace chez l'enfant*. Paris: Presses Universitaires de France. (Translated by F. J. Langdon & J. L. Lunzer, *The child's conception of Space*. New York: Norton.)
Piaget, J. (1970) *Piaget's theory*. Mussen, P. H. (Ed.). *Carmichael's manual of child psychology* (3rd ed.): Vol. 1. New York: John Wiley & Sons. (ピアジェ, J. (2007). ピアジェに学ぶ認知発達の科学 (中垣 啓 (訳)). 京都：北大路書房.)
Premack, D. & Woodruff, G. (1978). Does the chimpanzee have a theory of mind? *The Behavioral and Brain Sciences*, 1, 515-526.
Rosen, C. S., Schwebel, D. D., & Singer, J. L. (1997). Preschoolers' attributions of mental states in pretence. *Child Development*, 68, 1133-1142.
斎藤清二 (2012). コミュニケーションに困難をもつ女子大学生へのナラティブ・ベイスト・サポート：Webを通じた語りを中心に. 学園の臨床研究, 11, 9-30.
Salovey, P. & Mayer, J. D. (1990). Emotional intelligence. *Imagination, Cognition and Personality*, 9, 185-211.
Saltzman, J., Strauss, E., Hunter, M., & Archibald, S. (2000). Theory of mind and executive

functions in normal human aging and Parkinson's disease. *Journal of the International Neuropsychological Society*, 6, 781-788.

Samson, D., Apperly, I.A., Braithwaite, J. J., Andrews, B. J., & Scott, S. E. B. (2010). Seeing it their way: Evidence for rapid and involuntary computation of what other people see. *Journal of Experimental Psychology: Human Perception and Performance*, 36, 1255-1266.

Santiesteban, I., Banissy, M. J., Catmur, C., & Bird, G. (2012). Enhancing social ability by stimulating right temporoparietal junction. *Current Biology*, 22, 2274-2277.

Santiesteban, I., Shah, P., White, S., Bird, G., & Heyes, C. (2014). Mentalizing or submentalizing in a communication task? Evidence from autism and camera control. *Psychonomic Bulletin & Review*, doi: 10.3758/s13423-014-0716-0.

Santiesteban, I., White, S., Cook, J., Gilbert, S. J., Heyes, C., & Bird, G. (2012). Training social cognition: From imitation to theory of mind. *Cognition*, 122, 228-235.

Schwebel, D. C., Rosen, C. S., & Singer, J. L. (1999). Preschoolers' pretend play and theory of mind: The role of jointly constructed pretence. *British Journal of Developmental Psychology*, 17, 333-348.

Senju, A. (2012). Spontaneous theory of mind and its absence in autism spectrum disorders. *Neuroscientist*, 18, 108-113.

Shamay-Tsoory, S. G., Tomer, R., Berger, B. D., Goldsher, D., & Aharon-Peretz, J. (2005). Impaired "affective theory of mind" is associated right ventromedial prefrontal damage. *Cognitive and behavioral neurology*, 18, 55-67.

Shepard, R. N., & Cooper, L. A. (1992). Represetation of colors in the blind, color-blind, and normally sighted. *Psychological Science*, 3, 97-104.

渋谷郁子・安松あず紗・小森伸子・高田 薫・高木和子（2008）．大人のいない場面で子どもはどう遊ぶか——室内での砂場遊びの分析から——．立命館人間科学研究, 16, 45-56.

Southgate, V., Senju, A., & Csibra, G. (2007). Action anticipation through attribution of fasle belief by two-year-olds. *Psychological Science*, 18, 587-592.

須藤邦彦（2011）．自閉性障害児における援助行動の反応型と行動連鎖の形成．研究論叢．第3部，芸術・体育・教育・心理, 60, 179-189.

Surian, L., Caldi, S., & Sperber, D. (2007). Attribution of beliefs by 13-month-old infants. *Psychological Science*, 18, 580-586.

Surtees, A. & Apperly, I.A. (2012). Egocentrism and automatic perspective-taking in children and adults. *Child Development*, 83, 452-460.

Surtees, A., Butterfill, S., & Apperly, I. A. (2012). Direct and indirect measures of Level-2 perspective-taking in children and adults. *British Journal of Developmental Psychology*, 30, 75-86.

竹田恵子・兼光洋子・太湯好子（2001）．高齢者擬似体験による高齢者理解の可能性と限界——実施時期による学習効果の違い——．川崎医療福祉学会誌, 11, 65-73.

瀧　浩平・柴山謙二（2008）．小学校の学級を対象としたソーシャルスキル教育の効果——

実施手順の工夫と予防の観点から一. 熊本大学教育学部紀要. 人文科学, 57, 145-156.
滝吉美知香・田中真理（2009）. ある青年期アスペルガー障害者における自己理解の変容―自己理解質問および心理劇的ロールプレイングをとおして―. 特殊教育学研究, 46, 279-290.
田中秀明（2009）. 保育者養成学校の学生が抱く「気になる子」についての基礎的研究. 清泉女学院短期大学研究紀要, 27, 57-65.
東山 薫（2007）. "心の理論"の多面性の発達― Wellman & Liu 尺度と誤答の分析. 教育心理学研究, 55, 359-369.
上野一彦・名越斉子・小貫 悟（2008）. PVT-R 絵画語彙発達検査. 東京：日本文化科学社.
台 利夫（2003）. ロールプレイング. 東京：日本文化科学社.
Wellman, M. H., Cross, D., & Watson, J. (2001). Meta-analysis of theory-of-mind development: The truth about false belief. *Child Development*, 72, 655-684.
Wimmer, H. & Perner, J. (1983). Beliefs about beliefs: Representation and constraining function of wrong beliefs in young children's understanding deception. *Cognition*, 13, 103-128.
Wimmer, H. & Weichbold, V. (1994). Children's theory of mind: Fodor's heuristics examined. *Cognition*, 53, 45-57.
Winner, E. & Leekam, S. (1991). Distinguishing irony from deception: Understanding the speaker's second-order intention. *British Journal of Developmental Psychology*, 9, 257-290.
Wu, S. & Keysar B. (2007). The effect of culture on perspective taking. *Psychological Science*, 18, 600-606.
Zaitchik, D. (1990). When representations conflict with reality: The preschooler's problem with false belief and 'false' photographs. *Cognition*, 35, 41-68.

人名索引

A
Aharon-Peretz, J.　6
Andrew, B. J.　7
Apperly, I. A.　3, 6-9, 12, 14, 17, 19, 20, 29, 40, 44, 118, 121
Archibald, S.　13
Astington, J. W.　15, 23, 109
綾屋紗月　115

B
Baillargeon, R.　6, 8
Balin, J. A.　6
Banissy, M. J.　20
Baron-Cohen, S.　3, 4, 11, 13, 17, 27, 40, 63, 72, 73, 110, 112, 115, 116
Barr, D. J.　6, 29
Begger, S.　18, 19, 112
別府　哲　14, 22
Berger, B. D.　6
Birch, J.　63
Bird, G.　20, 21, 113
Blakemore, J. S.　12
Braithwaite, J. J.　7
Brauner, J. S.　6
Brownell, H.　13
Buist, T. A. M.　19
Butterfill, S.　6

C
Caldi, S.　9
Carlson, S. M.　14
Carroll, D. J.　19
Catmur, C.　20
Cook, J.　21
Cooper, L. A.　64
Croft, K.　3
Cross, D.　4
Csibra, G.　8

D
Dore, R. A　23

Dumontheil, I.　12, 17-20, 28-30, 35, 36, 40, 44, 57, 59, 62, 83, 101, 102, 106, 113, 118

E
江村理奈　22
圓野奈津美　120
Epley, N.　7, 21
Evans, E. M.　114
Everett, B. A.　3

F
Flavell, E. R.　3
Flavell, J. H.　3, 7, 83
Frith, U.　4, 10, 72, 106, 115
Fugelsang, J.　19
藤田三恵　21
Furtner, M. R.　121
古見文一　10, 23, 111, 114

G
Gilbert, S. J.　21
Gillis, R.　19
Goldsher, D.　6
郷間安美子　120
郷間英世　120

H
Happé, F.　10, 11, 13, 72, 106, 113, 115, 116
服部敬子　6
林　創　47, 51, 76
Heyes, C.　21, 113
彦　聖美　21
Hillebrandt, H.　12
Hopkins, E. J.　23
Humphreys, G. W　19
Hunter, M.　13

I
池田友美　120
Inhelder, B.　3, 17, 28
井上雅彦　88
Inohara, K.　63

Ishitobi, M.　63
伊藤　啓　62, 64

J
Jenkins, J. M.　15, 23, 109
Jones, R.　11

K
金山元春　22, 29, 45, 111
金子隆芳　75, 90
兼光洋子　40
堅田智香子　21
片山伸子　22
加藤亜妃子　21
川那部隆司　22
Kawasaki, M.　63
川島和代　21
Keysar, B.　6, 7, 12, 15-18, 21, 28, 29, 36, 41, 45, 63, 71, 101, 113, 116
Koh, H. C.　116
Komeda, H.　63, 74, 112
小森伸子　22
今野義孝　3
小貫　悟　10
Kosaka, H.　63
Koyama, K.　118
子安増生（Koyasu, M.）　6, 11, 17, 28, 43-47, 51, 52, 115, 121, 123
熊谷晋一郎　115
Küster, O.　12, 18, 20, 29, 83
Kusumi, T.　63

L
Lane, J. D.　114
Lee, S. W. S.　72
Leekam, S. R.　9, 11, 51, 72
Lerner, M. D.　23
Leslie, M. A.　4, 72
Light, P.　28
Lillard, A. S.　23, 109
Lin, S.　7, 15, 18, 29, 44,

71, 109
Low, J.　6, 9, 84, 119
M
前田健一　22
Maehara, Y.　12, 15
Malle, B. F.　18
Mant, C.　11, 51
丸岡直子　21
Masuda, T.　113, 116, 117
松本奈緒美　21
Mayer, J. D.　121
McDonald, L.　17
Milne, E.　116
宮地知美　120
Miyamoto, Y.　113, 117
溝川　藍　17, 28, 52
水内豊和　21
Moffit, G.　19
Moll, H.　7, 28
Morewedge, C. K.　21
森野美央　27
Moses, L. J.　15, 120
村井嘉子　21, 58, 110
Munesue, T.　63
武蔵博文　21, 58, 111
N
Nading, S. A.　21
長畑正道　3
長野　敬　3, 13, 112, 115
Nagler, U. K. J.　121
名越斉子　10
Naito, M.　118
中台佐喜子　22
中垣　啓　119
Nieuwland, M. S.　18
Nilsen, E. S.　19
Nisbett, R. E.　113, 116, 117
西垣順子　6
Nix, C.　28
野村香代　14, 22
O
大場有希子　10
岡部正隆　62, 64

Okazawa, H.　63
奥田健次　88
面高有作　22, 29, 109
Onishi, K. H.　6, 8
O'Riordan, M.　11
小山内秀和　10
Oyserman, D.　72
P
Palmquist, C. M.　23
Perner, J.　4-7, 9-11, 27, 43, 51, 72, 73, 76, 83, 84, 114, 119
Piaget, J.　3, 17, 28, 119
Plaisted, K.　11
Premack, D.　4, 27
Q
Qureshi, A.　19
R
Rauthmann, J. F.　121
Reiter, K.　121
Rosen, C. S.　23, 109
Ruffman, T.　9
S
Saito, D. N.　63
斎藤清二（Saito, S.）　12, 15, 120
Salovey, P.　121
Saltzman, J.　13
Samson, D.　7, 19, 71
Santiesteban, I.　20, 21, 113
Sato, M.　63
Schwebel, D. D.　23, 109
Scott, S. E. B.　7
Sedivy, C. J.　21
Senju, A.　6-8, 14, 71, 112
Shah, P.　113
Shamay-Tsoory, S. G.　6
Shepard, R. N.　64
柴田謙二　21, 22, 29, 58, 109, 110
渋谷郁子　22, 110
Siddons, F.　10, 106
Singer, J. L.　23

Smith, E. D.　23
Southgate, V.　8
Sperber, D.　9
Stone, V.　11
Strauss, E.　13
Stuart-Hamilton, I.　17
須藤邦彦　21, 22, 58, 111
Surian, L.　9
Surtees, A.　6, 7, 10, 57, 71, 83, 99, 107
T
太陽好子　40
高田　薫　22
高木和子　22
竹田恵子　40, 105, 110
瀧　浩平　21, 58, 110
滝吉美知香　22, 29, 88, 109
田村幸恵　21
田中秀明　120
田中真理　22, 29, 88, 109
Tomasello, M.　7, 28
Tommer, R.　6
東山　薫　118
辻　えりか　10
Tsunemi, K.　63
U
上野一彦　10
台　利夫　22, 30, 45, 111
W
Watson, J.　4
Weichbold, V.　110
Wellman, H. W.　114
Wellman, M. H.　4, 8, 10, 27, 43, 118
Wheelwright, S.　40
White, S.　21, 113
Wilken, B.　113, 117
Wimmer, H.　4-7, 9, 10, 27, 43, 51, 73, 76, 83, 110
Winner, E.　9, 13, 51
Woodruff, G.　4, 27
Wu, S.　18, 29, 41, 113, 116
Y
山本かおり　21

安松あず紗　22
吉本朋子　22

Z
Zaitchik, D.　11

事項索引

あ
アイスクリーム課題　4
誤った信念課題（false belief task）　4
　　二次の——（second-order false belief task）　4, 50
一般的な他者　114
意図　28
　　——理解　44
色のなかまテスト　75
うそと皮肉の区別　11, 45, 51
ADHD　19
遠転移　88

か
気になる子　120
共感　40
　　——化-システム化理論　116
狭義　44
近転移　88
顕在的なマインドリーディング　7
広義　44
高次マインドリーディング（higher-level mindreading）　7, 118
心の理論（theory of mind）　3, 27, 44
ごっこ遊び　23

さ
サリーとアンの課題　4
色覚　62
　　——異常　62
自己中心性　119
自己中心的　101
実行機能　14
視点取得　3, 44

児童期　43
「自発的な」心の理論　14
自閉スペクトラム症者　3, 13
社会的な体験の蓄積　29
障害者理解　72
上側頭溝（Superior Temporal Sulcus; STS）　29
情動的心の理論（affective theory of mind）　6
情動的マインドリーディング　115
白いうそ（white lie）課題　11
Strange Story Test　11
スマーティ課題　9
責任性の理解　11, 45, 51
潜在的なマインドリーディング　7
全注視時間　28
先天赤緑色覚異常　63
前頭前野内側部（Medial Prefrontal Cortex; MPFC）　29

た
知覚的マインドリーディング　115
注視（fixtatiion）回数　28
DSM（Diafnostic and Statistical Manual of Mental Disorders）　14
DSM-5　115
低次マインドリーディング（lower-level mindreading）　7, 118
ディレクター課題　12, 15, 28
転移効果　87
特殊的な状況　27, 73

特殊的な他者　84, 114

な
泣き課題　17
認知資源　29, 44
認知スタイル　63, 71
認知的マインドリーディング　115

は
皮肉や比喩の理解　116
ヒューリスティック　110
Faux Pas 課題　11
不意移動課題　9
ふり遊び　22
文化差　41
分析的思考（analytic thought）　116
包括的思考（holistic thought）　116

ま
マインドブラインドネス（mindblindness）　3
マインドリーディング（mindreading）　3, 44
3つの山問題　3

や
弱い中枢性統合（weak central coherence）　115

ら
レベル1　3
　　——視点取得　83
レベル2　3
　　——視点取得　83
ロールテイキング（役割取得）　21
ロールプレイ　21, 29

著者紹介

古見文一（ふるみ　ふみかず）

日本学術振興会特別研究員 PD（神戸大学大学院人間発達環境学研究科・キングスカレッジロンドン）

博士（教育学）（京都大学）。京都大学大学院教育学研究科教育科学専攻教育認知心理学講座研究指導認定（指導教員：子安増生教授）。2011年2月～2011年3月英国バーミンガム大学心理学部 Visiting Student（受け入れ教員：Prof. Ian Apperly）。2012年9月～2012年12月英国ランカスター大学心理学部 Visiting Student（受け入れ教員：Prof. Charlie Lewis）。

主著に，「ロールプレイ体験がマインドリーディングの活性化に及ぼす効果の発達的研究」（発達心理学研究, **24**, 308-317., 2013），『心の理論―第2世代の研究へ』（分担執筆，新曜社，2016）など。

ロールプレイを通じて高める他者理解
マインドリーディングの心理学

2016年3月30日	初版第1刷発行	定価はカヴァーに表示してあります

著　者	古見文一	
発行者	中西健夫	
発行所	株式会社ナカニシヤ出版	

〒606-8161　京都市左京区一乗寺木ノ本町15番地
　　　　　　　　　　　Telephone　075-723-0111
　　　　　　　　　　　Facsimile　075-723-0095
　　　　　　Website　http://www.nakanishiya.co.jp/
　　　　　　Email　iihon-ippai@nakanishiya.co.jp
　　　　　　　　　　　郵便振替　01030-0-13128

装幀＝白沢　正／印刷・製本＝亜細亜印刷
Printed in Japan.
Copyright © 2016 by F. Furumi
ISBN978-4-7795-1056-4

◎SONY VAIO VPCEA 1 AFJ, FUJITSU LIFEBOOK AH/R 3，Adobe Photoshop，SONY ICD-SX850，Microsoft Power-Point 2007など，本文中に記載されている社名，商品名などは，各社が商標または登録商標として使用している場合があります。なお，本文中では，基本的にTMおよびRマークは省略しました。
◎本書のコピー，スキャン，デジタル化等の無断複製は著作権法上での例外を除き禁じられています。本書を代行業者等の第三者に依頼してスキャンやデジタル化することはたとえ個人や家庭内の利用であっても著作権法上認められておりません。